D1701203

**ZEHN JAHRE
ATELIER ST**

EINE MONOGRAPHIE

ARCHITEKTUR
UND
DU

Mitte/Rand

INHALT

EIN ZEITPUNKT DER ARCHITEKTUR
05

AUF NACH SACHSEN
09

WIRTSCHAFTSGEBÄUDE EIBENSTOCK
25

DAS GLEICHNIS VOM EINFACHEN WEG
35

WO DIE HECKE AUFHÖRT
45

EIN EBENERDIGES DACHGESCHOSS
57

WOHNHAUS AUS BETON
75

GEDANKEN EINER BAUHERRIN
89

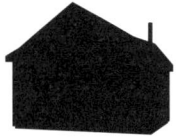

IM WALDHAUS
97

MIT EINEM WETTBEWERB FING ALLES AN
105

PERLE DES VOGTLANDS
111

DIE UTOPIE DER ONE-MAN-SHOW
115

WERKVERZEICHNIS
121

**EIN ZEITPUNKT
DER ARCHITEKTUR**

**05
ARCHITEKTUR
UND DU**

KEIN VORWORT, EINE ANLEITUNG

Von Jeanette Kunsmann &
Stephan Burkoff

Architektur umgibt uns alle überall und jederzeit. Wir dachten, das fehlt: ein Buch über Architektur und Dich. Ein Buch über die Geschichten aller Beteiligten. Jeder erzählt von seinem eigenen Standpunkt aus.

In der Mehrzahl aktueller Monographien stehen die einzelnen Bauwerke im Mittelpunkt – zusammen ergeben sie das Werk des Architekten. Betrachtet wird dabei jeweils ein Zeitpunkt der Architektur. Das Gebäude, ein Photo, die von den Architekten gezeichneten Pläne. Es ist nicht schwierig, Gebautes in diesem Moment zu bewerten. Unnötig zu beschreiben, man kann es sehen, verstehen. Nichts bleibt dem Auge, den Händen gar, verborgen. Und doch ist Architektur eine Chiffre.

Tiefer und deutlicher wird das Verständnis der gebauten Umwelt durch die Frage nach dem Weg zu jedem Zeitpunkt der Architektur. Ein Gebäude als Prozess zu verstehen, als Frage der Persönlichkeit, praktischer Erfahrung und gelebter Auseinandersetzung mit Bauherren und Planern, aber auch als Frage der Zeit, ist Ausgangspunkt dieses Buches.

Das Büro Atelier ST hat in den letzten zehn Jahren eine Reihe verschiedenster Architekturen realisiert: ein Wohnhaus aus Beton im Süden von Zwickau, ein anderes mit einer Holzfassade in der thüringischen Kleinstadt Lucka und ein weiteres in einem Vorort von Leipzig, das sich als „Grüner Mäander" hinter einer Hecke versteckt und mit seiner Umgebung verwächst. In seinem Photoessay lässt der Münchner Photograph Wolfgang Stahl die Bewohner eins mit ihrem Haus werden.

Für die Forstarbeiter in Eibenstock im sächsischen Erzgebirge durften die Architekten ein neues Wirtschaftsgebäude entwerfen. Sie haben der traditionellen Bergstadt für diese unspektakuläre Nutzung ein modernes Gebäude geliefert. Es ist ein schräg verzogenes Volumen ohne Fenster, dessen Fassade aus Holzschindeln sich dennoch gut in das Ortsbild einfügt. Bei einem Besuch vier Jahre später sehen wir nicht nur, dass die Witterung den Schindeln aus kanadischer Rotzeder gut getan hat, sondern wir dürfen auch einen Blick in die Arbeitswelt der Waldarbeiter werfen. Dass diese an ihrem Gebäude nichts auszusetzen haben, ist ein großes Lob.

Das Lutherarchiv in Eisleben wird kurz nach Erscheinen dieses Buches fertig gestellt werden. Für den Umbau des denkmalgeschützten Gebäudes neben dem Welterbe Luthers Geburtshaus hatten die Architekten einen Wettbewerbsvorschlag, der Bauherren und Denkmalpflege wieder miteinander vereinte. Wir erzählen den Anfang dieser Architektur: mit der heute in Vergessenheit geratenen Form der literarischen Parabel.

Und auch das Wohnhaus am Groß Glienicker See wird erst in diesem Frühling bezogen. Die Bauherrin findet Sichtbeton wundervoll – mehr als den Architekten lieb war. Für ihr eigenes Wochenendhaus haben sie auf den Baustoff Beton ganz verzichtet. Ihr Waldhaus mitten im märkischen Kiefernwald mit der dunklen Holzfassade spielt einerseits mit dem bekannten Bild einer Märchenhütte, andererseits nimmt es die Kubatur des Vorgängers auf. Für Atelier ST ist es eine Art Schlüsselprojekt, da sie hier zum ersten Mal Bauherr und Architekt in einer Person waren. Tief im Wald gelegen, bietet das Haus Schutz, weckt durch seine Abgeschiedenheit aber auch tiefe Urängste. Die Worte dazu fand der französische Dichter François Villon Mitte des 15. Jahrhunderts in seiner *Galgenballade,* einem seiner letzten Gedichte.

Unsere Reise mit Atelier ST hat vor mehr als einem Jahr begonnen. Wir wollten herausfinden, wer diese Architekten sind, was ihre Gebäude ausmacht, und vor allem, wie die Menschen, die in ihnen wohnen oder arbeiten, sich mit und in ihnen fühlen. Ein Jahr lang haben wir die Architekten zu ihren Gebäuden, Baustellen und Richtfesten begleitet und auf dem Weg mehr und mehr ihre Geschichte erfahren.

Für dieses Buch haben sie die Verantwortung aus der Hand gegeben und sich getraut, uns zu überlassen, wie ihre Architektur vermittelt wird. *Architektur und Du* sammelt verschiedene Zeitpunkte und Perspektiven, nicht ohne den Menschen zu Wort kommen zu lassen. Es geht um Architektur, die Spaß macht. Dieses Buch ist keine Fachpublikation, keine Monographie und keine Prosa allein – es ist ein Experiment.

Für Dich.

AUF NACH SACHSEN

09
ARCHITEKTUR
UND DU

EINE AUTOWANDERUNG
MIT ARCHITEKTEN

Stell Dir die Wüste vor. Da ist nichts und das Wenige, was Du findest, gibt es im Überfluss: Sand, Sonne und Horizont.

„Man muss nicht weit fahren, um sich fremd zu fühlen", schrieb die *Berliner Zeitung* im Herbst 2014 in ihrer Serie „Wir Ostdeutschen. 25 Jahre nach dem Mauerfall". Dass dies so ist, wissen alle Berliner sehr genau. Und doch lohnt es sich für jeden, den Schritt zu machen und eine Erkundung zu wagen.

Sachsen, 26 Jahre nach dem Mauerfall. Die Innenstädte von Dresden, Leipzig oder Halle sind schicker als viele Weststädte, das erkennt man oft schon an den Bahnhöfen. Auf paradoxe Weise machen uns diese Gebäude, die entweder mit der gebotenen Geschwindigkeit über die Vergangenheit gebaut oder unauthentisch saniert wurden, Angst. Ihnen fehlt die substanzielle Verbindung zwischen Sein und Sagen. Der Charakter einer Architektur ist kein verlässlicher Indikator für Identität.

Jedes Gebäude ist eine Behauptung. Das gilt auch für die Bauten von Atelier ST: Silvia Schellenberg-Thaut und Sebastian Thaut, die behaupten und beweisen, dass gute Architektur überall einen Platz hat. Die Architekten haben 2005 unmittelbar nach dem Abschluss an der FH Reichenbach ihr eigenes Büro gegründet – nicht in Zwickau, nicht in Berlin, sondern in Leipzig. Beide sind in Sachsen aufgewachsen und geblieben.

„Wir sind beide hier geboren, im Osten, in der ehemaligen DDR. Wir sind hier aufgewachsen, kennen die Leute und ihre Eigenheiten. Aber zu schätzen gelernt haben wir unsere Heimat eigentlich erst durch Reisen und Praktika im Ausland."

Die Bundesarchitektenkammer nennt die Zahlen: Von 129.042 Architekten in Deutschland arbeiten 2.827 in Sachsen (Stand 1. Januar 2014). Zum Vergleich: In Berlin sind es 7.941 Architekten, in Hamburg 4.574 und in Bayern 22.751. Die meisten Architekten haben ihren Sitz in Nordrhein-Westfalen, hier sind 30.752 Architekten ansässig. Betrachtet man die fünf neuen Bundesländer, führt hier eindeutig der mitteldeutsche Freistaat Sachsen: In Thüringen sitzen 1.885 Architekten, in Brandenburg 1.209, in Sachsen-Anhalt 1.002, und in Mecklenburg-Vorpommern wird es mit 838 Architekten dreistellig. Auf 2.026 Einwohner kommt hier ein Architekt.

„Als unbekannte Architekten hätten wir weder einen Direktauftrag noch eine Einladung zur Wettbewerbsteilnahme in einem anderen Bundesland ohne nachweisbare Referenzen erhalten. Erst durch die gebauten Referenzen in Sachsen und in Mitteldeutschland wurden Teilnahmen an Wettbewerben deutschlandweit möglich. Dann war unsere Herkunft auch mal vorteilhaft, so als Randgruppe. Beim Wettbewerb für das Keltenmuseum waren wir unter den 25 Teilnehmern das einzige Büro aus dem Osten."

Die Ausbildung im tiefen Vogtland ist überraschend elitär. An der Architekturfakultät der Fachhochschule Reichenbach, die 1996 als Ableger der Westsächsischen Hochschule Zwickau gegründet wurde, arbeiten pro Jahrgang etwa 30 Architekturstudenten im gemeinsamen Atelier. Jedem Studenten wird ein Arbeitstisch, ein Computer und ein Rollcontainer zur Verfügung gestellt, dazu motivierte Professoren und Austauschprojekte mit dem Berlage Institute. In Reichenbach haben sich Silvia Schellenberg und Sebastian Thaut 1997 kennengelernt. Eigentlich wollten die beiden Architekten nach dem Studium aus der ostdeutschen Provinz nach London, um bei einem der großen Büros zu arbeiten. Doch Silvester 2005 gründen sie in Leipzig ihr eigenes Büro. Auf einen künstlerischen Ansatz und eine kreative Arbeitsweise verweist der Name: Atelier ST.

„Wir haben beide nie in großen Architekturbüros gearbeitet. Ich war als Praktikant für anderthalb Jahre bei Gigon/Guyer Architekten in der Schweiz. Silvia hat knapp vier Jahre im Büro meines Vaters das August Horch Museum in Zwickau über alle Leistungsphasen betreut – nachdem sie direkt nach dem Studium zusammen mit einem Kommilitonen den internationalen Wettbewerb für das Büro meines Vaters gewonnen hatte. Letztlich haben wir uns alle Strukturen und das Know-how, ein Büro zu führen, selbst erarbeiten müssen."

Klein Köris bei Ka-We – so nennt man Königs Wusterhausen, wenn man sich hier auskennt im „wilden Brandenburg", wo es bis vor Kurzem noch günstigen Baugrund gab. Mitten im märkischen Kiefernwald in der Nähe des kleinen Tonsees haben die Leipziger Architekten Atelier ST ihr Wochenendhaus gebaut. Umgeben von hohen Kiefernbäumen und Schotterwegen, manchmal läuft am frühen Abend ein Fuchs durch den Garten. Die Idylle ist perfekt.

Bestand war ein maroder Holzbau aus den zwanziger Jahren, der ohne Heizung und Bad nur als Sommerhaus genutzt werden konnte – jede Sanierung war sinnlos. Das Architektenpaar, das das Haus geerbt hatte, wollte aber auch keinen exaltierten Betonkasten in den Wald bauen. Die Seele war ja schon da. Und als stimmiger Teil der Siedlung musste es auch funktionieren. Ihr neues Waldhaus haben die Architekten deshalb in fast derselben Größe an derselben Stelle und aus demselben Material, Kiefernholz, errichtet. Das Satteldach verweist auf die archetypische Hausform, große Fenster auf der Rückseite blicken in den Wald. Auch die braun-weiße Fassade orientiert sich an dem alten Waldhaus. Erst auf den zweiten Blick wirken die Rahmen und Fenster wie ein dicker Lidschatten.

Bei Eurem Wochenendhaus in Klein Köris hattet Ihr ja die spannende Doppelrolle, Architekt und Bauherr zugleich zu sein. Hattet Ihr davor Angst?

Sebastian Thaut: Wider Erwarten gar nicht. Wir sind anfangs mal kurz in die Falle getappt, etwas ganz Wildes und Außergewöhnliches bauen zu wollen, etwas, das es noch nie gab. Aber es gab ja das Vorgängerhaus. Auf das haben wir uns mit unserem neuen Haus bezogen und aus dem alten Haus etwas Neues entwickelt. Damit kamen wir von den komplexen Formen weg. Wir haben eher die Natur inszeniert und in das Haus geholt.

Silvia Schellenberg-Thaut: Weil es keinen Part dazwischen gab, war der Ablauf für uns angenehm einfach und schnell. Wir mussten unseren Entwurf schließlich keinem Bauherrn vermitteln und haben uns so eine Phase gespart. Aber der Grundriss war eine lange Diskussion. Es passte einfach nicht. Als die Idee geboren war, sich konkret auf den Vorgängerbau zu beziehen und alles diesem und dem Thema Kiefernholz unterzuordnen, war plötzlich alles ganz einfach. Dass der Grundriss unseres kleinen Hauses jetzt so einfach und logisch aussieht, war für uns ein langer Weg.

Weiter nach Zwickau-Cainsdorf. Einem unscheinbaren Vorort einer unscheinbaren Stadt. Auf dem Weg vor uns liegt das Wohnhaus des Ehepaares P. : ein Betonkubus, wie man ihn in der Schweiz vermuten würde. Die Bauherren haben den zweigeschossigen Neubau auf dem Nachbargrundstück des Elternwohnhauses gebaut. Die Nachbarn fragen sich heute noch, ob den Ps. das Geld ausgegangen ist, dass sie ihr Haus noch nicht verputzt haben. Anders als in den Schweizer Provinzen wird im Umland von Zwickau Sichtbeton nicht mit Stil in Verbindung gebracht. Die Fassade ist jedoch alles und sollte bei einem Einfamilienhaus von einer zarten Härte sein. Aber dazu später mehr.

Ein Friseur kann sich nicht selbst die Haare schneiden und ein Koch geht auch in fremden Restaurants essen. Inwieweit ist

Architektur eine Dienstleistung? Würdet Ihr für Euch selber planen?

Sie: Also „Dienstleistung" ist ein schwieriges Wort!

Er: Ich würde grundsätzlich immer selbst planen wollen – dafür bauen wir auch zu gerne. Wir lieben die Baustelle. Sich einen Entwurf auszudenken und später dann die Details in der Realität zu sehen – das ist, glaube ich, das Schönste an unserem Beruf. Deswegen könnte ich mir nicht vorstellen, das eigene Haus abzugeben – das wäre viel zu bequem und zu komfortabel. Der Prozess, das Reifen, die Ideen nachts mitzunehmen und davon zu träumen … die Abstimmungen zwischen uns beiden, unsere Ideen übereinanderzulegen, so lange, bis ein gemeinsames schlüssiges Konzept entsteht, das ist unsere Freude und die wollen wir nicht teilen, egal ob beim eigenen Haus oder bei den Bauten für andere.

Wo seht Ihr Eure Stärken?

Sie: Das Fachgebiet Wohnungsbau, das beherrschen wir schon ganz gut. Ein Wohnhaus ist keine triviale Aufgabe. Es gibt kein Schema F und keine vergleichbaren Vorgaben wie bei einem Labor, einer Schule oder einem Bürogebäude. Wohnen ist etwas sehr Persönliches. Ich glaube, dass unsere größte Stärke darin liegt, gut zuzuhören und Wünsche und Träume auf der Grundlage einer nachvollziehbaren Idee in konkrete Architektur übersetzen zu können.

Er: Wir haben durch die vielen Wohnhäuser das Bauen gelernt: Wie bei anderen Bauaufgaben arbeitet man als Architekt an allen Details und mit allen Gewerken. In zehn Jahren sind es bei uns jetzt etwa 14 oder 15 realisierte Bauten. Hätten wir Laborbauten geplant, gäbe es heute wahrscheinlich nur ein bis zwei gebaute Projekte von uns.

Sie: Wir hätten also nur zweimal einen Bauantrag gestellt, zwei Richtfeste gefeiert – so haben wir viel lernen können und durften auch unsere Fehler machen.

Er: Das ist ein großer Vorteil, denn bei kleinen Bauvorhaben fallen Fehler natürlich geringer aus und brechen dem Architekten nicht gleich das Genick.

Sie: Wichtig für unsere Arbeit ist uns, dass wir uns an dem messen, was wir gebaut haben. Wir sind keine Theoretiker und haben keine großen Manifeste geschrieben. Für jedes Gebäude gibt es ein Konzept, das wir gemeinsam diskutiert haben. Am Ende interessiert uns das Bauen – und zwar in einer hohen Qualität.

Atelier ST hat entsprechend den realisierten Projekten für eine ganze Reihe öffentlicher und privater Bauherren entworfen. Neben dem Ehepaar P. aus Zwickau-Cainsdorf gibt es die Familie L-K. aus Leipzig, die Familie K. aus Groß Glienicke, eine Apothekerin, ein Gymnasium im Erzgebirge oder die Forstarbeiter aus Eibenstock.

Gute Architektur entsteht nur durch eine gute Zusammenarbeit zwischen Architekt und Bauherr – was ist Euch dabei wichtig?

Er: Die Basis ist Vertrauen. Das spürt man relativ schnell – letztlich ist es eine gegenseitige Wertschätzung. Wenn wir Anfragen bekommen, führen wir das erste Gespräch immer gemeinsam – es muss dabei gar nicht um Architektur gehen.

Sie: Man muss sich erst mal kennenlernen. Vor allem bei den privaten Bauherren ist es für uns interessant, wo sie herkommen, warum sie uns beauftragen wollen, was ihre Vorlieben und Gewohnheiten sind. Eine gute Zusammenarbeit entsteht dann, wenn wir uns als Architekten in die Bauherren reindenken können. Wir versuchen uns bei Meinungsverschiedenheiten und Auseinandersetzungen oft auf die Gegenseite zu stellen. – Jetzt rechts über die Brücke.

Er: Ja, da vorne rechts. – Es ist immer gut, wenn man sich an kritischen Punkten in den anderen reindenken kann, um zu verstehen, warum er in dem Moment so handelt. Erst dann kann man mit einer Antwort auf sein Gegenüber zugehen.

Sie: Wir versuchen die Bauherren immer mitzunehmen und an unseren Gedanken teilhaben zu lassen – man darf ihnen nichts „überstülpen". Es gibt viele, die aus Angst einfach Ja sagen, bis irgendwann die Blase platzt und sie alles auf den Tisch bringen, was sie stört. Für den

Architekten ist es immer ein Spagat, alle Wünsche des Bauherrn ernst zu nehmen, das eigene Konzept möglichst unverwässert umzusetzen und dabei bei einer vertretbaren Architektur zu bleiben.

Er: Man geht in der Architektur immer einen sehr langen Weg. Da muss man genau hinschauen, mit wem man den geht. Dort vorne, wo die Schornsteine hinter den Häusern hervorkommen, ist übrigens das Betonwerk von Herrn P.

Sind denn für ein junges Architekturbüro öffentliche oder private Bauherren besser? Wie würdet Ihr Euch zwischen zwei Auftraggebern entscheiden?

Er: Ich glaube, dass es gerade die Mischung ausmacht. Das Dankbare bei den privaten Bauherren sind die Emotionen – der Dank liegt auch in einem Glas Rotwein, in einem Essen, im besten Fall entstehen sogar Freundschaften. Dass wir mit unserer Arbeit auf der anderen Seite etwas erzeugen oder sogar glücklich machen – das entsteht niemals bei einem öffentlichen Bauherrn. Da bleibt Architektur eine Sachdienstleistung.

Sie: Unser Ziel ist schon, die kleinen Wohnhausprojekte etwas zu minimieren und zu sehen, dass wir nur noch ein bis zwei besondere Aufträge pro Jahr bearbeiten. Nach zehn Jahren haben wir jetzt eine Bürogröße erreicht, mit der wir größere Projekte brauchen, egal ob öffentlich oder privat.

Wichtig für Atelier ST waren auch die Unterstützung vom Land Sachsen und seine sogenannten Testballons: Bauprojekte bis eine Million Euro, mit denen sich junge Architekten beweisen können. Einer dieser Testballons ist das Haus ohne Fenster: ein Wirtschaftsgebäude für einen Forstbezirk im Westerzgebirge als Direktauftrag vom Land Sachsen.

Standort Sachsen: Warum seid Ihr hier geblieben? Was wäre Atelier ST ohne Sachsen?

Er: Optionen gab es ja: Mike Guyer hatte mir nach dem Praktikum bei Gigon/Guyer Architekten in Zürich angeboten, dass ich dort nach dem Studium arbeiten könnte. Das war für mich schon eine Überlegung. Aber ich hatte nach anderthalb Jahren in der Schweiz gespürt, dass ich dort fremd bleiben würde.

Sie: Im Fall des Forstamts in Eibenstock war es schon entscheidend, dass wir die Sprache der Menschen im Erzgebirge verstehen. Und auch die Befindlichkeiten kennen.

Er: Oder beim Gerd aus Cainsdorf oder in Potsdam mit dem Polier: Der war zu DDR-Zeiten Lehrausbilder. Als ich ihm erzählte, dass mein Vater auch eine Maurerausbildung hat und seinen damaligen Lehrausbilder noch heute kennt, war das Eis sofort gebrochen. Wir wissen, was die Leute hier in Sachsen bewegt. In Zürich wären wir wenige unter vielen und würden uns vielleicht parallel an Wettbewerben abarbeiten. Aber unser Büro hat sich wirklich erst durch diese Reihe von Privatbauten entwickelt – die haben uns schon immer über Wasser gehalten.

Sie: Heimat spielt für uns schon eine große Rolle. Viele unserer ehemaligen Kommilitonen sind nach dem Studium aus Sachsen weggegangen. Viele kommen jetzt wieder zurück, weil sie in der Fremde nicht klarkamen. Und wir wären in Berlin nur eins von unendlich vielen Architekturbüros gewesen. Es können schließlich nicht alle fortgehen, wir wollten bei unseren Wurzeln bleiben. Was man aber definitiv auch sagen kann: Wenn wir in Zwickau geblieben wären und uns dort selbstständig gemacht hätten, wären wir nicht da, wo wir jetzt sind. Dort wären wir genauso untergegangen wie in Berlin.

Er: Jetzt müssen wir die nächsten Schritte wagen und rausgehen. Das heißt nicht, dass es in Sachsen nicht noch genug für uns zu tun gibt. – Da ist unser Imbiss!

WIRTSCHAFTSGEBÄUDE
EIBENSTOCK

25
ARCHITEKTUR
UND DU

EINE KRITIK

Der Forstbezirk 14 benötigte bessere Lagerräume und Garagen, Atelier ST übersetzte das nüchterne Programm in ein holzverkleidetes, ein- und ausgeschnittenes Volumen, das mehr ist als ein Zweckbau.
 Von Nils Ballhausen

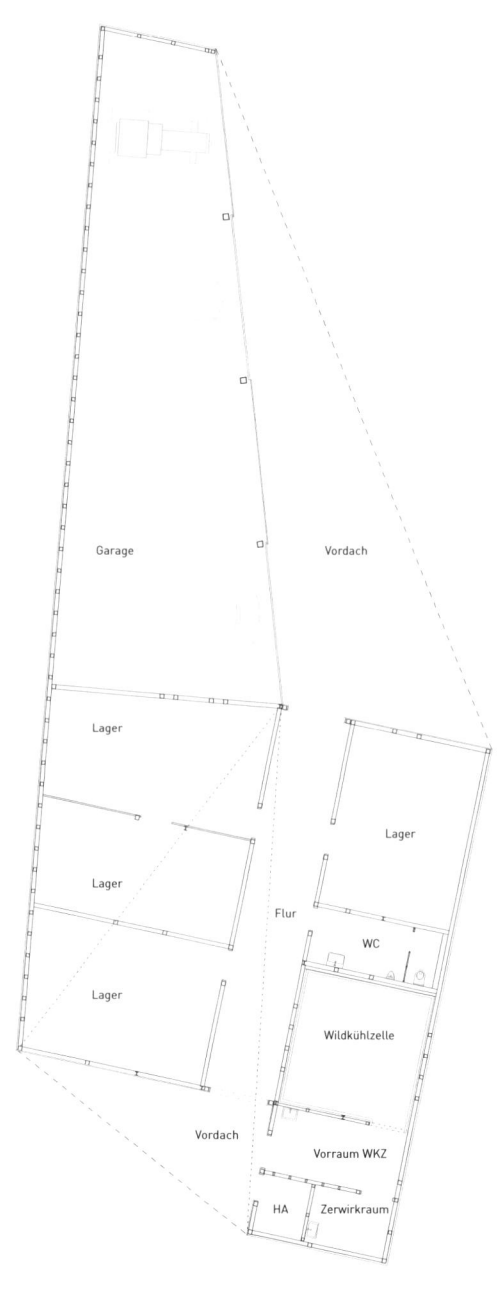

GRUNDRISS
WIRTSCHAFTSGEBÄUDE
EIBENSTOCK: GARAGE,
LAGER, KÜHLZELLE,
ZERWIRKRAUM

FASSADE AUS ROTZEDER-SCHINDELN,
MODERAT GEALTERT

Reichenbach, Schneeberg und Eibenstock sind keine Orte, die man auf Anhieb mit zeitgenössischer Architektur in Verbindung bringt. Das Westerzgebirge hat, ebenso wie das angrenzende Vogtland, andere Qualitäten. Als Wintersportregion verfügt man hier über eine mit den Jahren behutsam gewachsene touristische Infrastruktur, als Produktionsstandort, etwa der Textilindustrie oder des Instrumentenbaus, gibt es seit Langem eine gewisse wirtschaftliche Dynamik. Beides trägt üblicherweise dazu bei, dass die Provinz nicht allzu provinziell wird und Neues eine Chance bekommt.

EINFAHRT ZUR GARAGE

PRAKTIZIERTE NACHHALTIGKEIT

Der Neubau des Wirtschaftsgebäudes für den Forstbezirk 14 in der Kleinstadt Eibenstock ging aus einem Studienauftrag aus dem Jahr 2007 hervor. Zuvor waren die Architekten in einem Auswahlverfahren für eine neue Fahrzeughalle auf dem Hochschulcampus Zwickau noch knapp einem anderen Büro unterlegen. Die Verantwortlichen im auslobenden Sächsischen Immobilien- und Baumanagement behielten Atelier ST jedoch in guter Erinnerung und erteilten ihm den Auftrag für Eibenstock.

FASSADE AUS ROTZEDER-SCHINDELN, IM URZUSTAND

Das neue Gebäude steht im Hof der Forstverwaltung an der Schneeberger Straße. Sein relativ simples Raumprogramm – Lager, Garagen und ein Kühlraum – erlaubte ein fensterloses Haus, mit dem sich formal experimentieren ließ. Die Reihe der Kubaturmodelle zeigt die Entwicklung von einer orthogonalen Grundfläche, die unter einem gefalteten Dach geborgen ist, hin zu einem prismenartig verzogenen Volumen, bei dem Dach und Wand gleiches Gewicht beigemessen wird. Dieser „Verformung" liegen aber durchaus funktionale Anforderungen zugrunde: Der Garagentrakt streckt sich vernünftigerweise nach der Grundstückszufahrt, wobei die Architekten diese Streckung auch dazu benutzten, das Haus hinter dem Hauptgebäude hervorlugen zu lassen, um es von der Straße her sichtbar zu machen. Die Waldarbeiter holen und bringen, beladen und entladen, warten und waschen hier ihre Fahrzeuge; der zweite Eingang an der Südseite des Gebäudes ist dem erlegten Wild vorbehalten, das hier angeliefert, kühl eingelagert und verarbeitet – „zerwirkt" wird, wie der Fachterminus heißt. Nach der Wildentladung, für die eine kleine Kranbahn installiert wurde, umfahren die Jäger das Wirtschaftsgebäude im Uhrzeigersinn, um die Wege der Waldarbeiter nicht zu stören. Dieser Logik passt sich das Gebäude an; dass der dahinter liegende, einst als entbehrlich eingestufte Grundstücksteil nun vielleicht doch nicht veräußert wird, wie es zu Beginn der Planung hieß, stört die Konzeption nicht. Dieses Haus ist ohne ein Vorn und ein Hinten zu verstehen.

Die Ortssatzung schrieb ein Steildach vor sowie die Verwendung ortstypischer Materialien wie Schiefer oder Holz, Letzteres bot sich für ein Forstamt an. Früher hätte man Fichte oder Lärche gewählt, die Architekten entschieden sich jedoch für Schindeln aus dem noch stabileren Holz der kanadischen Rotzeder, was auch für den Bauherrn, der vor allem die Betriebskosten im Blick hat, plausibel war. Die sogenannten Indianerschindeln sind dreilagig verlegt. Die sichtbare Vorderseite ist handgespalten, diese Unregelmäßigkeit führt dazu, dass die Schindeln nicht vollkommen glatt aufeinanderliegen und das Holz besser abtrocknen kann. Eine Haltbarkeit von bis zu 100 Jahren ist möglich.

Die beiden Einschnitte in diesen übergroßen Holzscheit wurden als Kontrapunkt zu seiner rauen Schale konstruiert: Bündige Aluminium-Sandwichplatten kleiden die überdachten Bereiche aus. Innen ist der Holzrahmenbau ohne großen Anspruch mit OSB-Platten beplankt – die magere Kehrseite einer wertvollen Außenhaut, die ihre modernen alpinen Vorbilder, was die Detaillierung betrifft, wenn überhaupt, nur knapp verfehlt. Die Architekten von Atelier ST indes praktizieren, was viele ihrer Kollegen allenfalls theoretisch in Fachpublikationen nachvollziehen dürfen. Dabei erweitern sie stetig ihr Repertoire und werden – das wäre zu wünschen – auch künftig ihre Bauherrschaft um die Erkenntnis bereichern, dass bei der Architektur das Nächstliegende nicht immer das Beste ist.

WIRTSCHAFTSGEBÄUDE FÜR DEN FORSTBEZIRK 14 IN EIBENSTOCK

Auftraggeber/Bauherr
Land Sachsen, vertreten durch Sächsisches Immobilien- und Baumanagement–SIB, Niederlassung Zwickau
Größe: 347 Quadratmeter Nutzfläche
Entwurf: Juli 2007
Fertigstellung: November 2010
Leistungsphasen: 1–8

Preise
BDA Preis Sachsen, Anerkennung, 2013
Nominierung DAM Preis für Architektur in Deutschland, 2011
best architects award 2012, in Gold

DAS GLEICHNIS
VOM EINFACHEN WEG

35
ARCHITEKTUR
UND DU

EINE PARABEL

Von Stephan Burkoff

Vor vielen Jahren lebte im Osten ein Bauer, er hatte seine Felder zwischen Wald und Bach nahe dem Städtchen Eisleben. Seit vielen Generationen schon pflegte seine Familie den Gutshof – war angesehen im Ort und wegen ihrer Rechtschaffenheit beliebt. Der Bauer hatte zwei Söhne. Beide kamen ganz nach ihrem Vater und waren aus dem besten Holz geschnitzt. Nie gab es Streit zwischen den Brüdern: Sie waren sich eins und gemeinsam unschlagbar.

Eines Frühlings wünschte sich der Bauer, dass sich die Söhne um den alten Gutshof kümmerten. Dieser war einst aus wertvollen Steinen mit viel Bedacht gebaut, durch Wind und Wetter mit den Jahren jedoch brüchig geworden. Um wieder einen guten Schutz für die Familie, Getreide und Vieh zu bieten, musste er repariert werden. Der alte Bauer sprach zu seinen Söhnen: „Kümmert Euch um den Gutshof, baut neu oder renoviert. Was klüger ist, müsst nun Ihr entscheiden. Sorgt dafür, dass unser Hof wieder gut wird und wir für alle Jahre Sicherheit haben. Für unser Vieh und unsere Ernte. Im nächsten März soll Richtfest sein."

Wie die Brüder am nächsten Tag beisammensaßen, um über den Hof zu beraten, wurden sie sich nicht eins. Der jüngere wollte das Gebäude erhalten und zügig renovieren, um den Vater mit alten Mauern in neuem Glanz zu überraschen. Der ältere Sohn hatte andere Pläne. Er dachte, mit einem ganz neuen und modernen Gebäude dem Vater eine Freude zu bereiten.

Sie diskutierten und zankten, bis sie schließlich gar nicht mehr miteinander sprachen. Als sie eine Woche später noch einmal zusammensaßen, schlug der ältere Bruder vor, die Baumeister aus Stadt und Land zu fragen, was zu tun sei. Sie sollten ihren besten Entwurf bringen: auf dass der richtige gebaut werden sollte. Also taten sie kund, was sie sich wünschten, und setzten einen Tag zur Abgabe fest: Vier Wochen sollten vergehen, bis der beste Vorschlag gewählt werden würde.

Eines Tages kam ein Wanderer am Hof vorüber. Der jüngere Bruder traf ihn am Tor und gab ihm Wasser – es war ein warmer Tag. So kamen sie ins Gespräch. „Einen schönen Hof habt Ihr da", sagte der Wanderer. „Es ist guter, starker Stein."

„Ach, wenn Du wüsstest, welch Zwist um diesen Hof ausgebrochen ist", sprach der junge Bauer. „Mein Bruder und ich haben schon seit Wochen nicht mehr miteinander gesprochen, allein aus Streit um die Frage, wie wir den Bau wieder schön machen sollen. Mein Bruder möchte Neues schaffen und das Alte vergessen. Ich aber möchte die alten Mauern erhalten und reparieren, auf dass der Hof fortführend in unserer Mitte bleibt. Wir werden uns nicht eins. Nun haben wir alle Baumeister von nah und fern aufgerufen, uns ihre Vorschläge zu machen. Übermorgen soll entschieden werden, wessen Vorschlag in Erfüllung gehen wird. Dann wird gebaut. Für das Vieh und die Ernte, damit wieder Frieden ist und unser Vater stolz sein kann."

„Vielen Dank für das Wasser", sprach der Wanderer. „Wir werden uns übermorgen wiedersehen, doch nun muss ich gehen. Richte deinem Bruder Grüße aus."

RÜCKANSICHT LUTHERARCHIV, JANUAR 2015

Als am übernächsten Tage die Baumeister zum Hof kamen, gab es eine große Zusammenkunft. Jeder aus dem Dorf durfte die Entwürfe sehen und sich ein Bild davon machen. Es waren abenteuerliche Zeichnungen, die von einer großen handwerklichen Kunst zeugten. Und doch wollte den Brüdern keine so recht gefallen. Die einen hatten alles erhalten und den schönen Gutshof wiederhergestellt, die anderen hatten einen neuen Hof gezeichnet. Damit war der Streit nicht beigelegt.

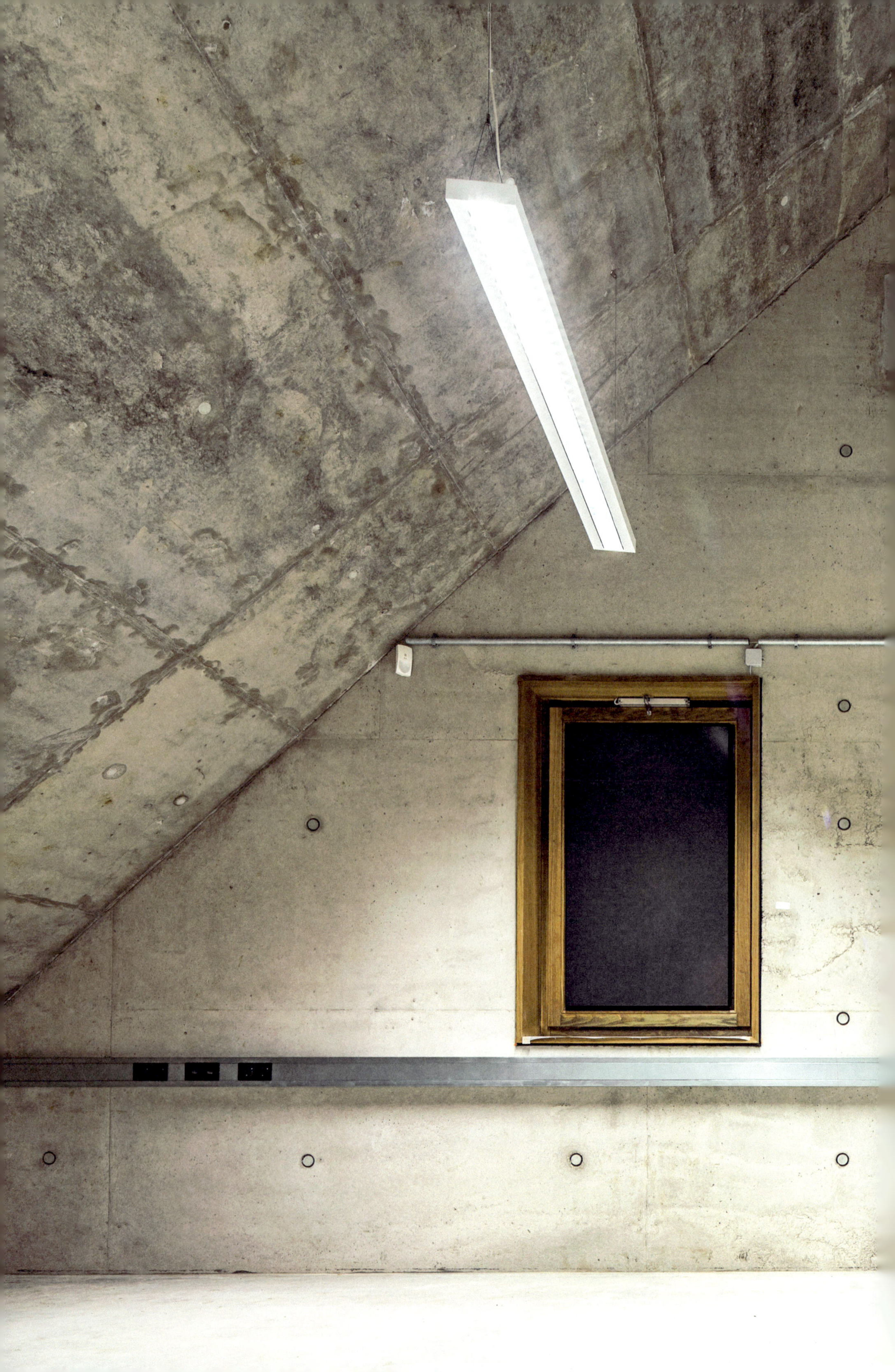

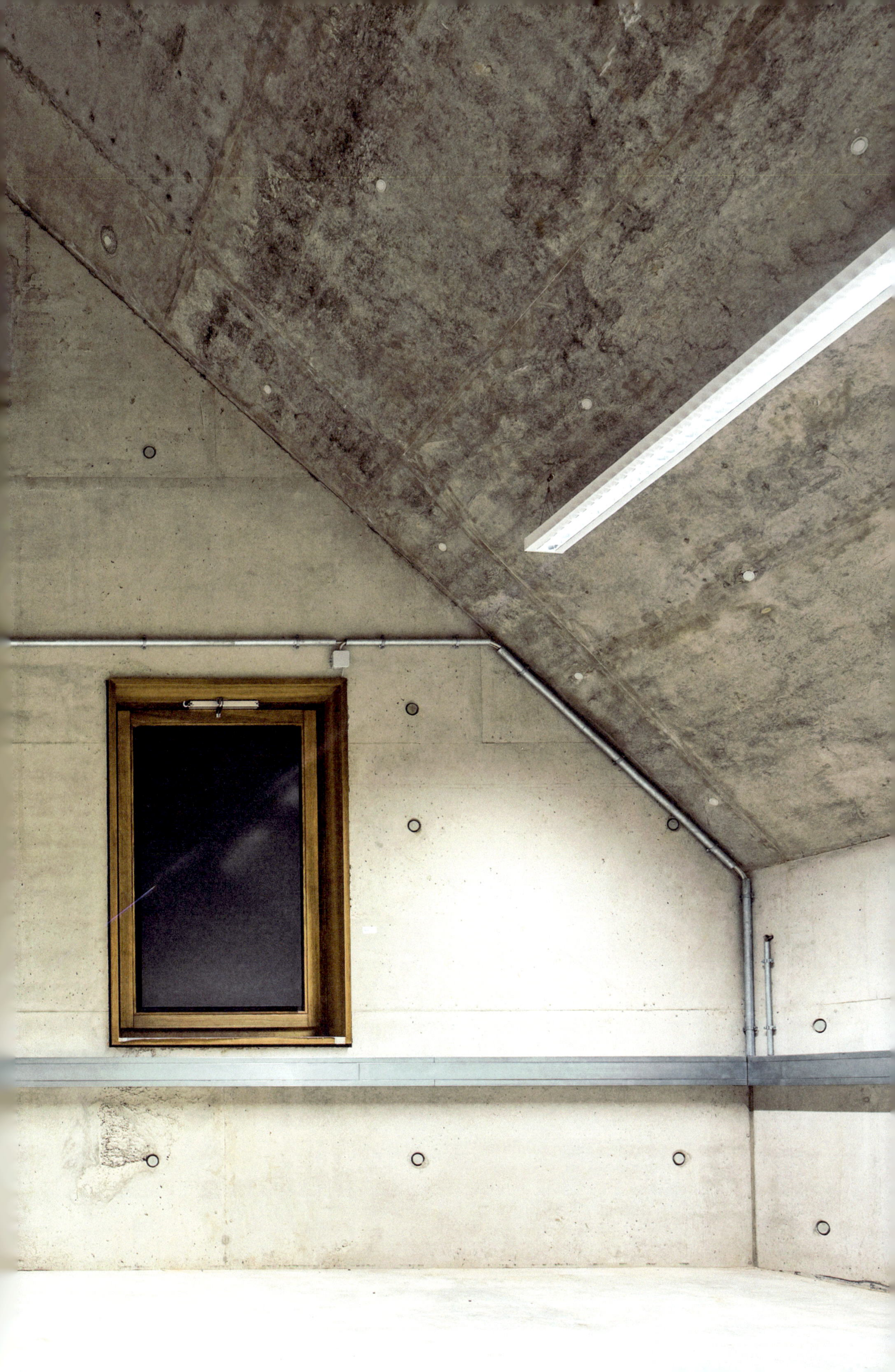

Als sie gerade verkünden wollten, dass es ihnen leidtat, weil keiner der Baumeister ihr Problem zu lösen imstande war, trat plötzlich der Wanderer aus der Mitte der Menge. Er hatte eine Papierrolle dabei, die er langsam entfaltete.

„Ich habe alles Alte erhalten und das Neue zugefügt, wo ihr es braucht", sprach der Wanderer. „Auf dem alten Fundament mit dem alten, schönen Stein habe ich einen neuen Hof geplant, der all Eure Wünsche erfüllt und noch mehr kann, als Ihr erwartet. Es soll ein Gebäude sein, das zu Euch passt und Eure Familie vereint."

Als die Brüder begriffen, dass es endlich eine Lösung für ihr Problem gab, der Streit geschlichtet war und sie bald einen schönen alten und dennoch neuen Hof haben würden, fielen sie sich glücklich in die Arme. Es gab ein großes Fest. Der Bauer war stolz auf seine Söhne, die so weise gewesen waren, um Rat zu fragen. Der Wanderer wurde reichlich belohnt und baute für die Bauern den Gutshof, so wie er ihn gezeichnet hatte. Pünktlich zum Frühling war alles fertig und sollte von nun an jeden daran erinnern, dass nur Gemeinsamkeit eine Lösung ist.

Die Stiftung Luthergedenkstätten benötigt in Ergänzung ihrer Räumlichkeiten im Geburtshausensemble dringend eigene Archiv- und Depoträume sowie ein Raumangebot zur Durchführung kleiner bis mittlerer Veranstaltungen. Eine besondere Herausforderung ergibt sich durch die exponierte Lage des Hauses in unmittelbarer Nachbarschaft zum Welterbe Luthers Geburtshaus sowie zur Taufkirche des Reformators. Der Entwurf von Atelier ST sieht vor, auf Grundlage des Bestandsbaukörpers eine neue organische Gebäudeeinheit zu schaffen. Es erfolgt auf der Gartenseite eine räumliche Ergänzung des bestehenden Gebäudevolumens, da das erforderliche Raumprogramm nicht vollständig im Altbau untergebracht werden kann. Ein weit heruntergezogenes Dach vermittelt zwischen Bestand und Erweiterung und markiert sinnfällig den neuen Haupteingang zum Lutherarchiv. Zusammen mit dem trapezförmigen Bestandsbau entsteht somit eine neue Gesamtfigur als Verschmelzung von Alt und Neu – ein neues Ganzes.

43
ARCHITEKTUR
UND DU

BESTAND

ÜBERLAGERUNG

NEUES GANZES

LUTHERARCHIV IN EISLEBEN

Auftraggeber/Auslober
Stiftung Luthergedenkstätten
Sachsen-Anhalt
Größe: 292 Quadratmeter Nutzfläche
Entwurf: Juli 2012
Fertigstellung: März 2015
Leistungsphasen: 1–9

WO DIE HECKE AUFHÖRT

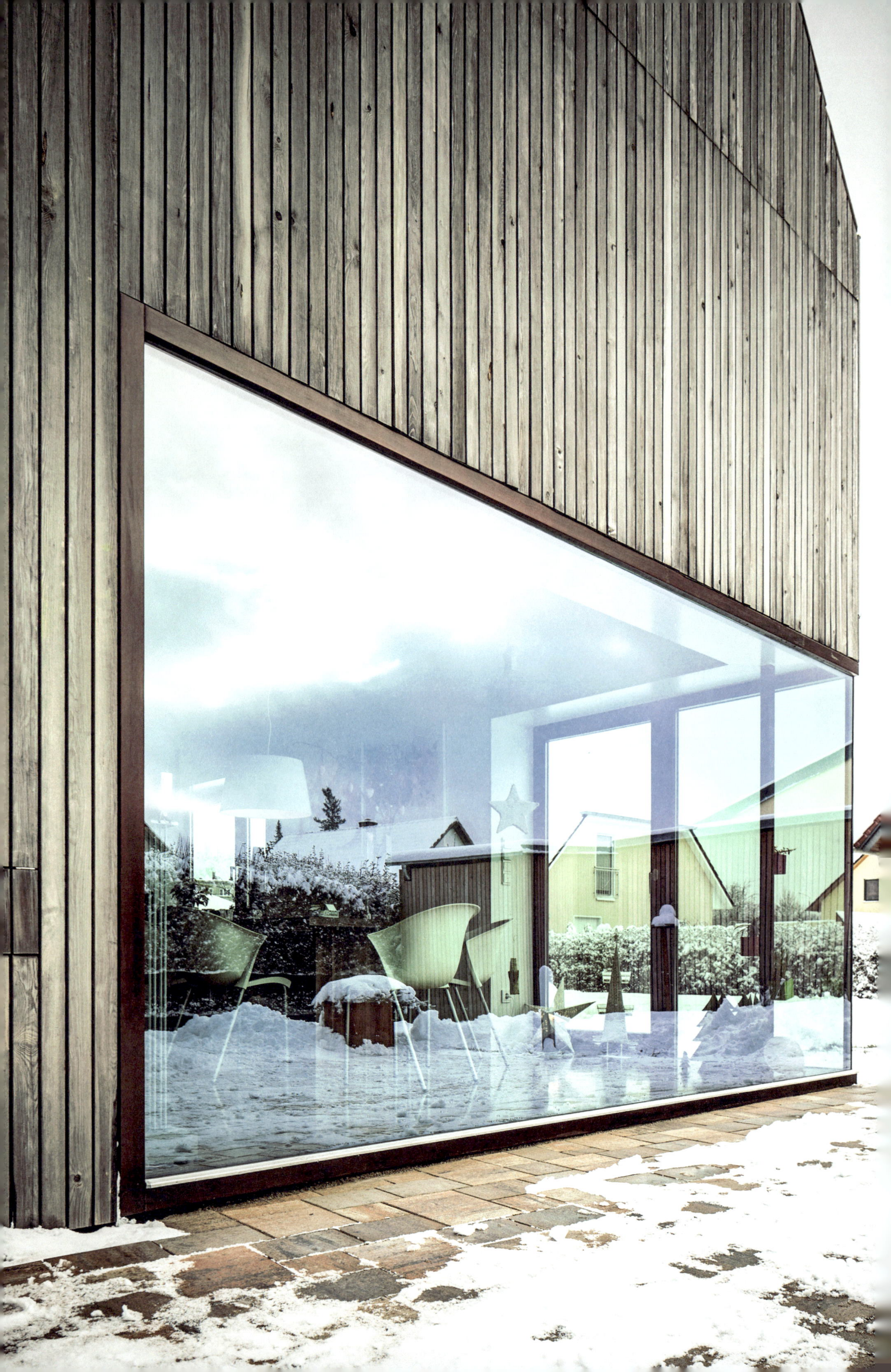

EIN HAUS
DEIN HAUS

Mensch braucht Raum. Raum braucht Mensch. In den meisten Architekturphotos sieht man trotzdem kein Leben. Manchmal wird es vage inszeniert. Ein Stuhl oder eine Lampe stehen als Metapher herum. Schnittblumen blühen auf dem Tisch. Ein paar Zeitschriften. Achtlos liegen gelassen. Betrachtung einer konstruierten Momentaufnahme.

Wohnen ist in Wahrheit ein Prozess, permanent, 24 Stunden am Tag. Die Bewohner sind keine Statisten, sondern Protagonisten, Bühnenbildner und Hausmeister in einer Person. Sie beleben ihr Haus. Sie verändern sich mit ihrem Haus. Ihr Haus verändert sich mit ihnen. Mit dem Zeitpunkt der Fertigstellung beginnt der Verfall der Architektur. Darüber muss man sich klar sein.

Zuhause. Hier will man sich wohlfühlen – man bewegt sich an diesem Ort anders als im Büro, im Supermarkt oder auf der Straße. Der Geruch, wenn man zur Tür hereinkommt. Es gibt sogar Schuhe, die man nur im Haus anzieht. Die Küche, das Schlafzimmer oder das Wohnzimmer. Quadratmeter sind nur Zahlen.

Die Räume stehen nicht leer. Das neue bequeme Sofa, der Tisch in der Küche oder ein Erbstück im Wohnzimmer, das Erinnerungen weckt. Wo nimmt der Besuch Platz? Hängen Photos an den Wänden? Die kleine Stelle mit dem abgeplatzten Lack hinter der Tür. Manch einer hat noch einen festen Platz für das Haustelefon. Jeder pflegt zuhause seine eigenen Rituale.

Ein Haus zu bauen, ist ein Projekt. Dahinter steckt eine Art Urtrieb. Der Mensch sucht einen Ort zum Bleiben – die wenigsten sind Nomaden. Wohnarchitektur ist Psychoanalyse, das Haus ein gebautes Familienporträt. Es steht niemals für sich allein, sondern ist Teil einer Entwicklung. Im besten Fall Teil eines oder vieler Leben. Als Membran zwischen Innen und Außen, Privatheit und Öffentlichkeit bietet das Haus uns den nötigen Schutz – und ist zugleich Angriffs- und Projektionsfläche. Es verändert sich von innen und außen.

Gute Nachbarschaft beginnt, wo die Hecke aufhört. Architektur endet, wo Zuhause anfängt.

Dieses Haus hat der Photograph nach sechs Jahren noch einmal besucht. Seine Bilder zeigen die Räume, bevor sie ein Zuhause wurden – und danach.

WALDBLICK LUCKA 2008 UND 2015

**49
ARCHITEKTUR
UND DU**

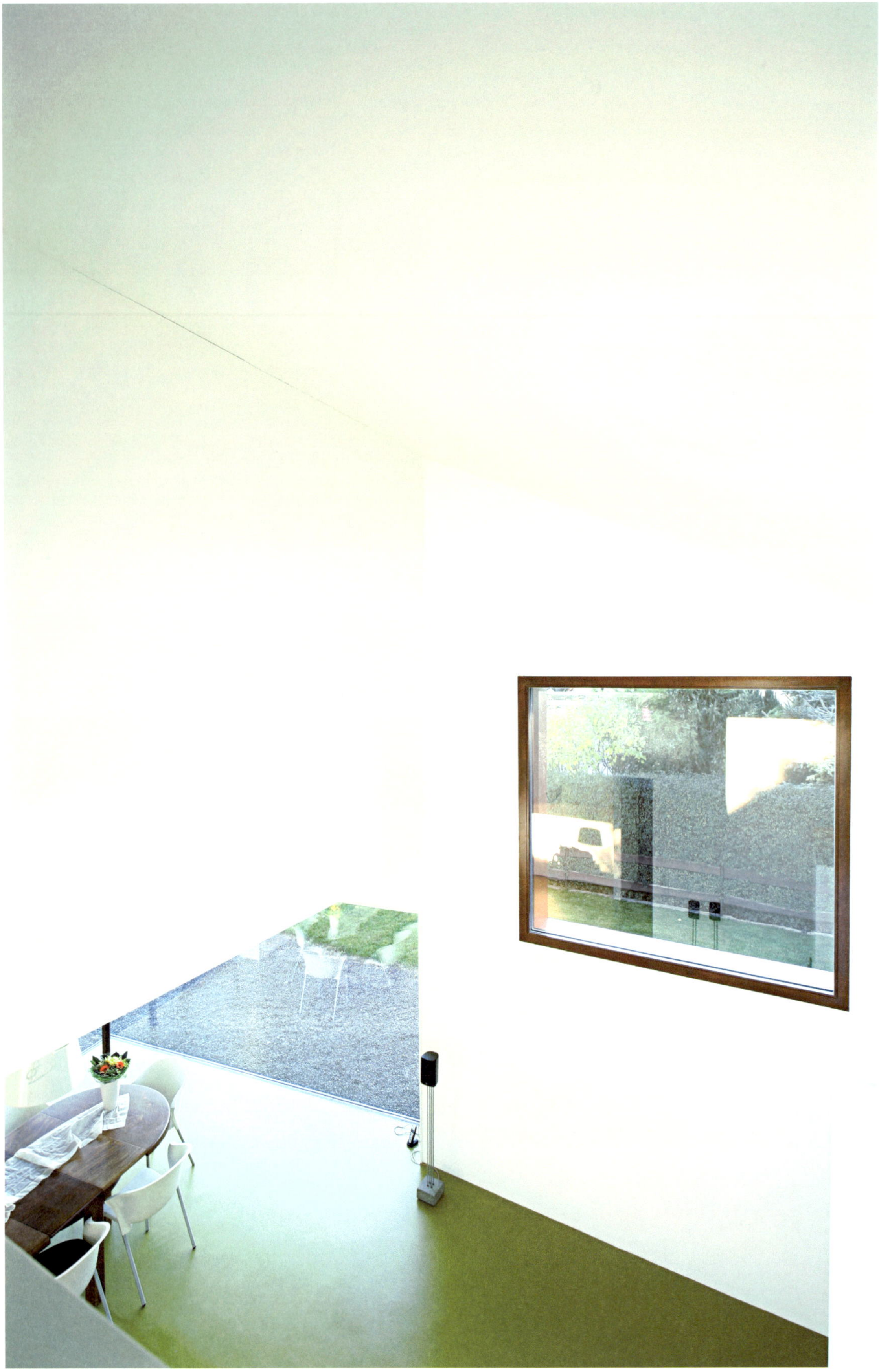

51
ARCHITEKTUR
UND DU

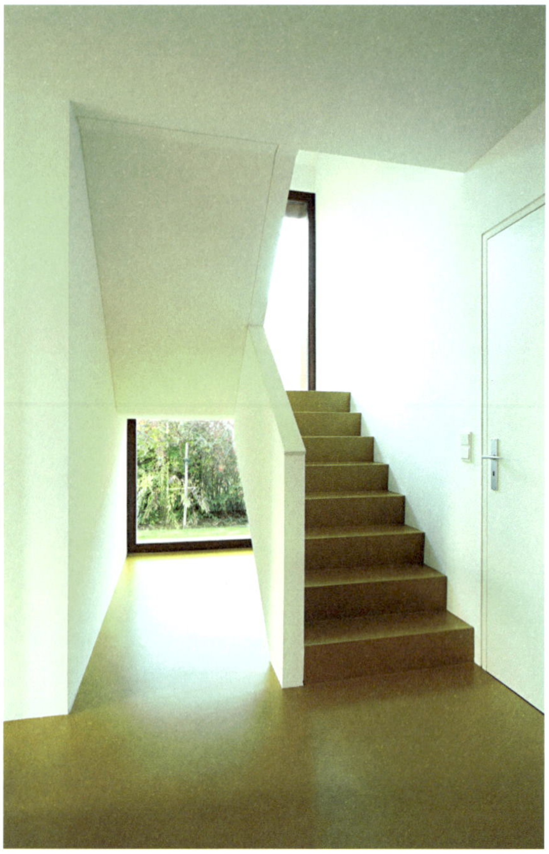 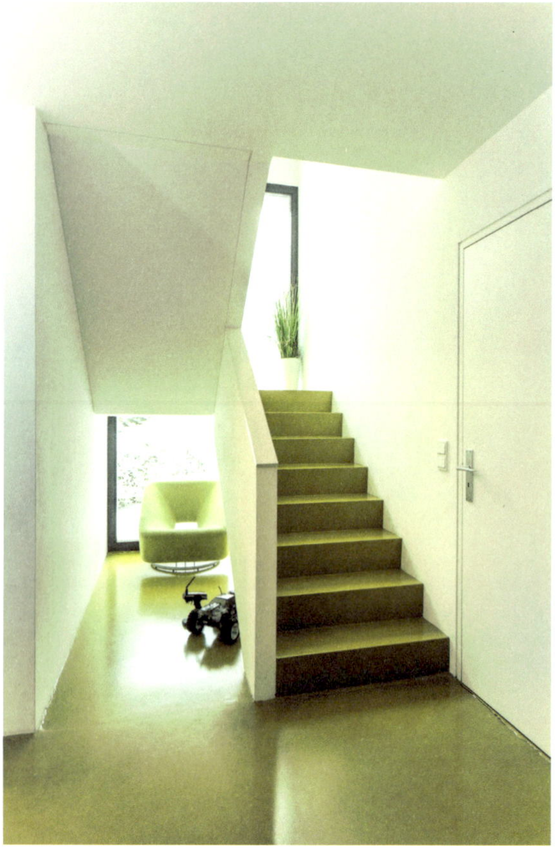

ARCHITEKTUR
UND DU

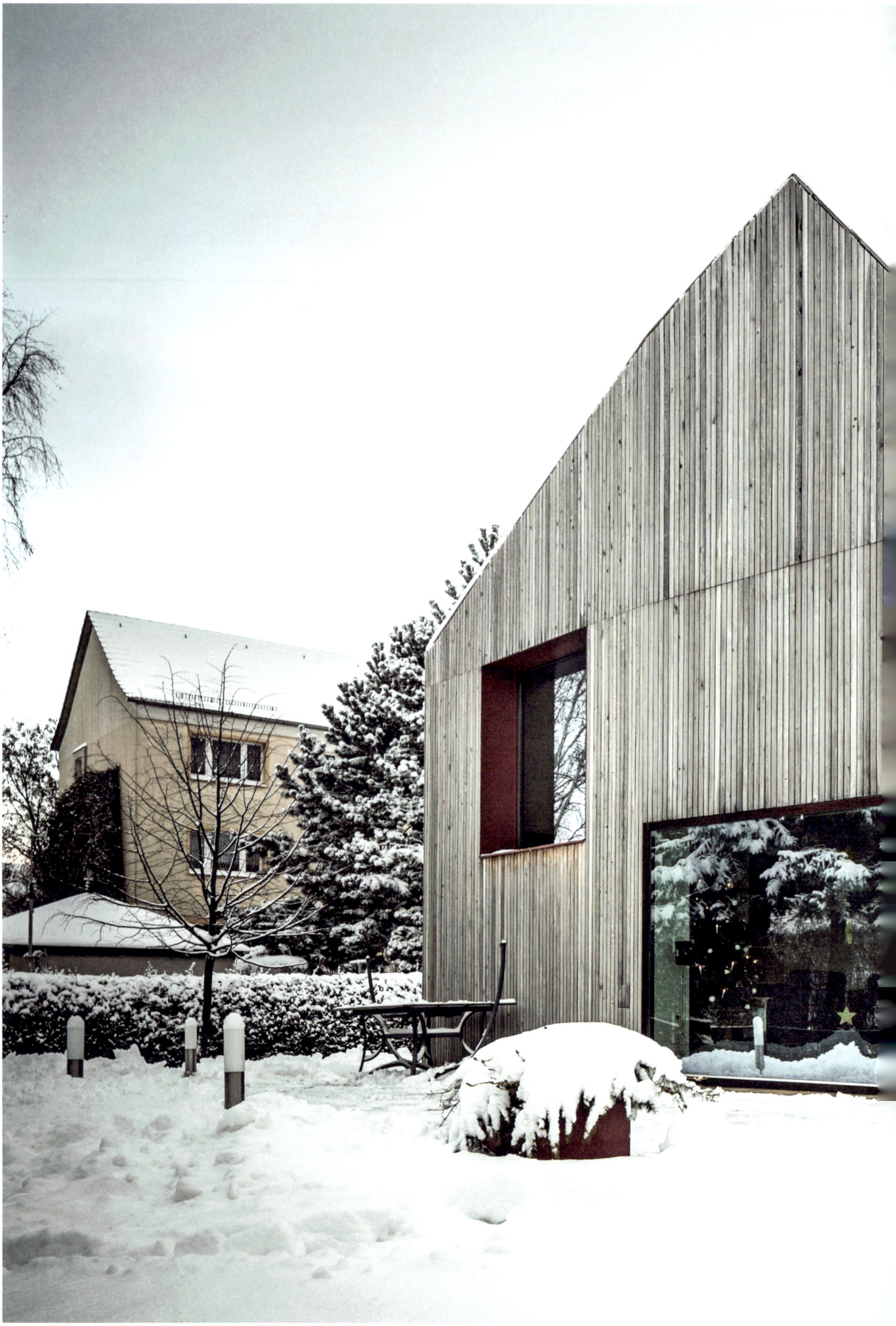

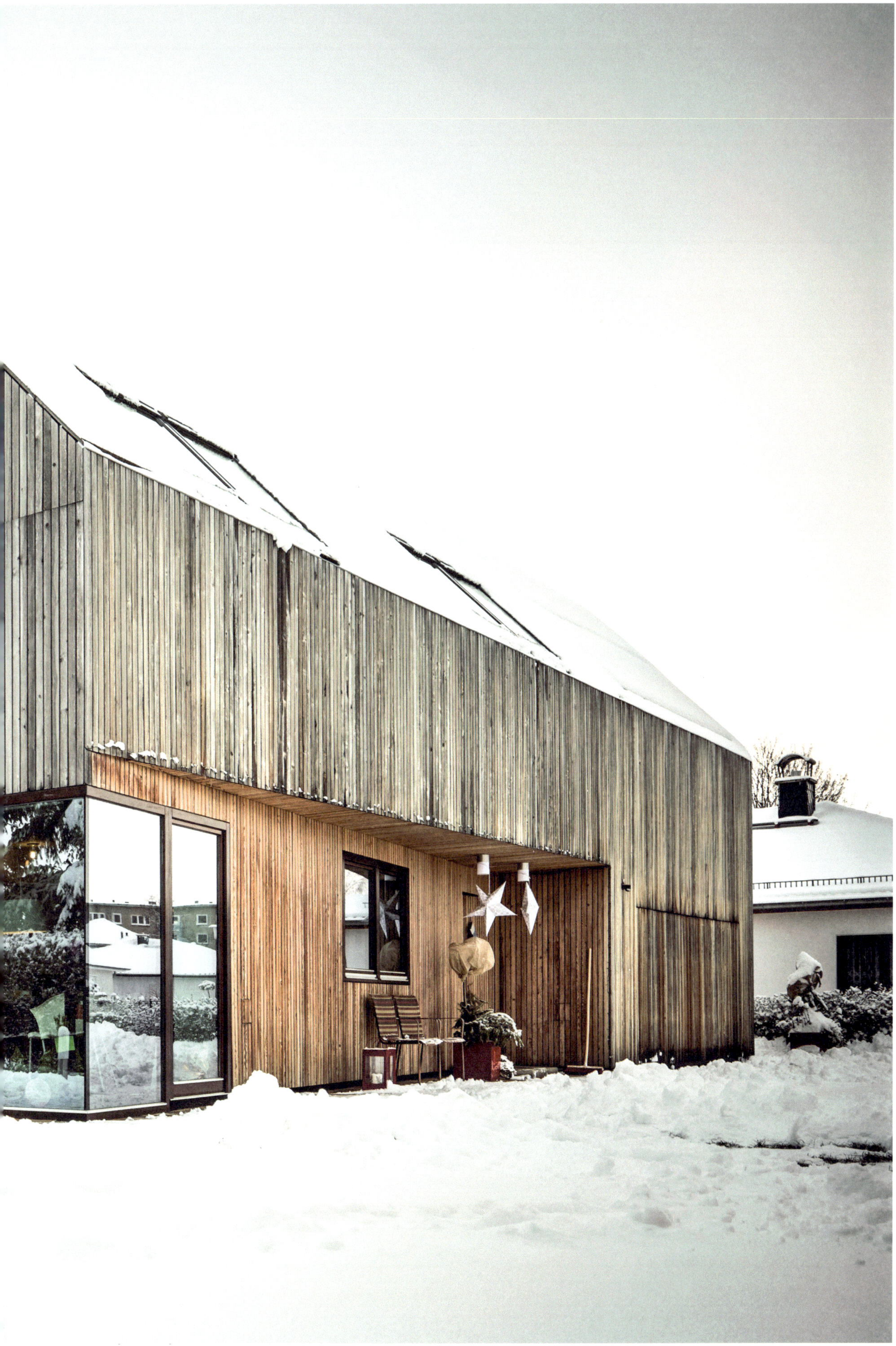

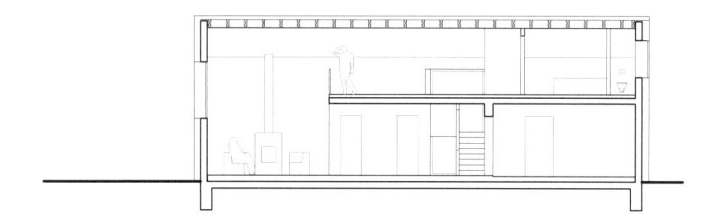

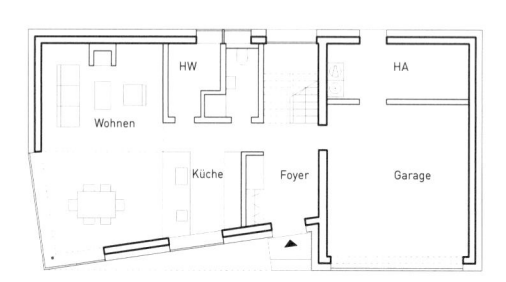

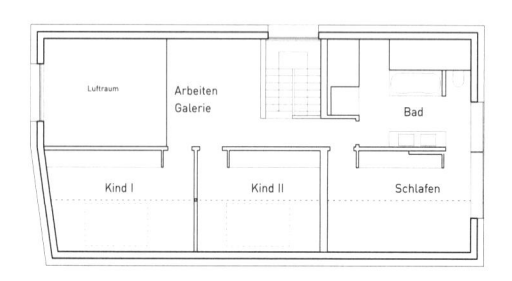

02 WALDBLICK LUCKA

Auftraggeber
Privat
Größe: 186 Quadratmeter Nutzfläche
Entwurf: November 2006
Fertigstellung: September 2008
Leistungsphasen: 1–8

Preise
Nominierung Häuser Award 2012

**EIN EBENERDIGES
DACHGESCHOSS**

**57
ARCHITEKTUR
UND DU**

GRÜNER MÄANDER

Leipzig-Holzhausen. Von hier braucht man etwa 20 Minuten mit dem Auto zum Hauptbahnhof – eigentlich doch ganz okay. Die Lage: eine gut situierte Einfamilienhaussiedlung, dazwischen Feld, Wald und Wiesen, auf denen Schafe grasen. Eine Kirche, ein Edelitaliener, eine Bank, ein paar Bäckereien und Netto Natürlich gibt es auch eine Bushaltestelle.

Wer hier hinzieht, weiß, was er will. Im Garten die Vögel, keine parkenden Autos auf den Straßen, jeder parkt auf dem eigenen Grundstück, hat seine Garage und im besten Fall sogar noch einen Carport für das Wohnmobil. Zigarettenkippen auf der Straße – eher unwillkommen.

Familie L.-K. ist vor etwa anderthalb Jahren hier hingezogen. Oder besser gesagt: rausgezogen. Die Kinder haben jetzt einen eigenen Sandkasten, es gibt eine Schaukel und sogar ein Baumhaus im Garten. Vor allem aber: viel Ruhe für alle und jeden.

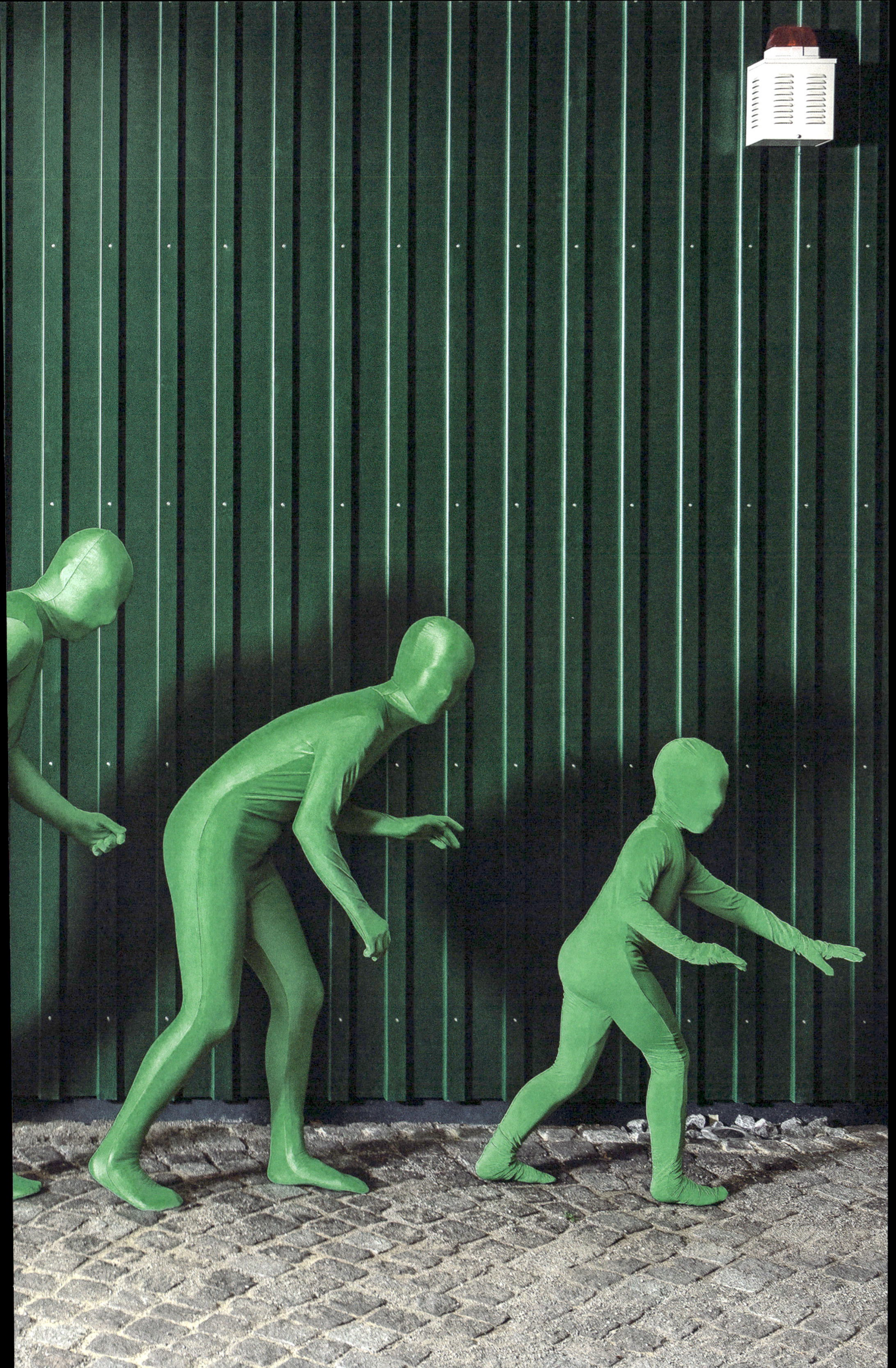

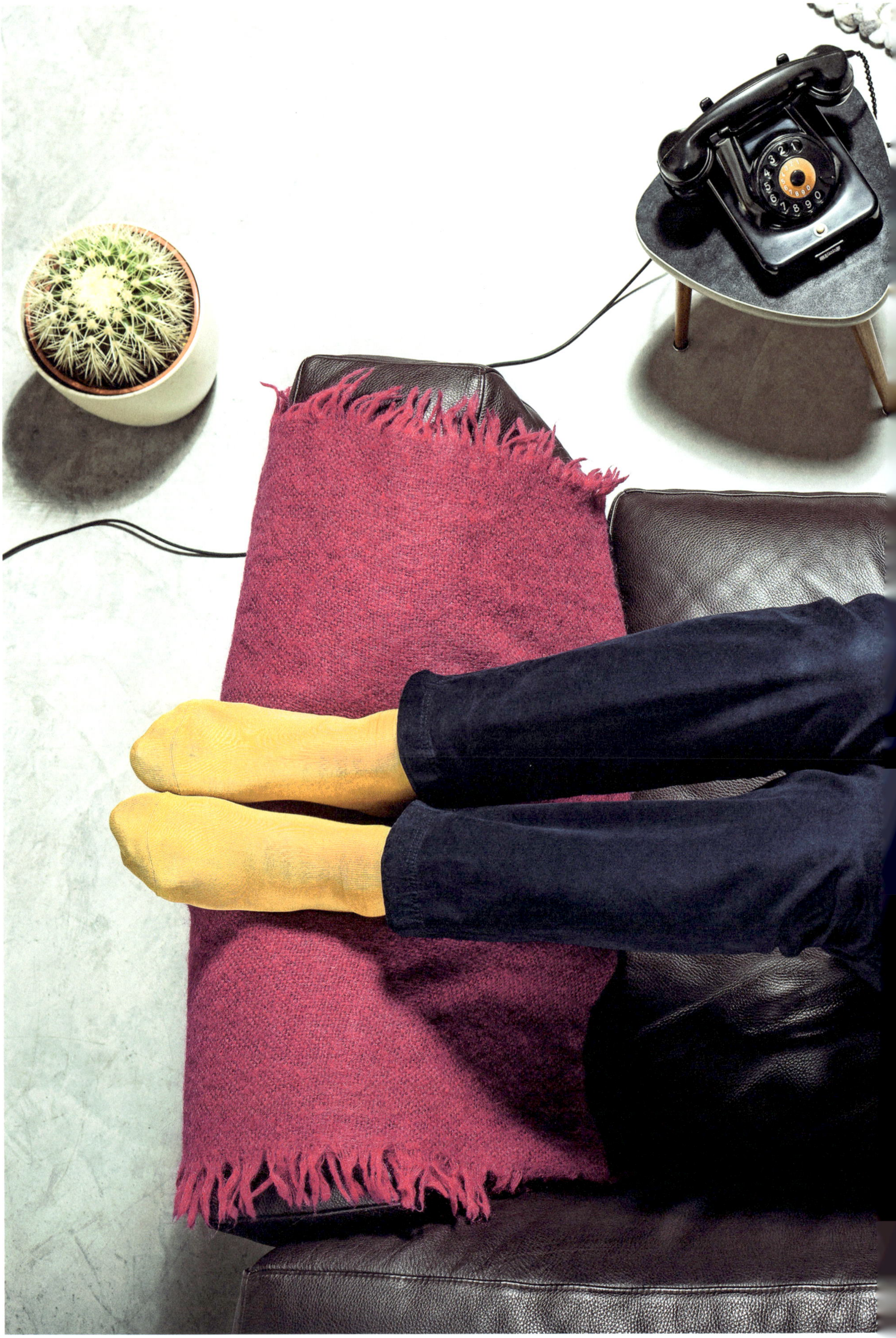

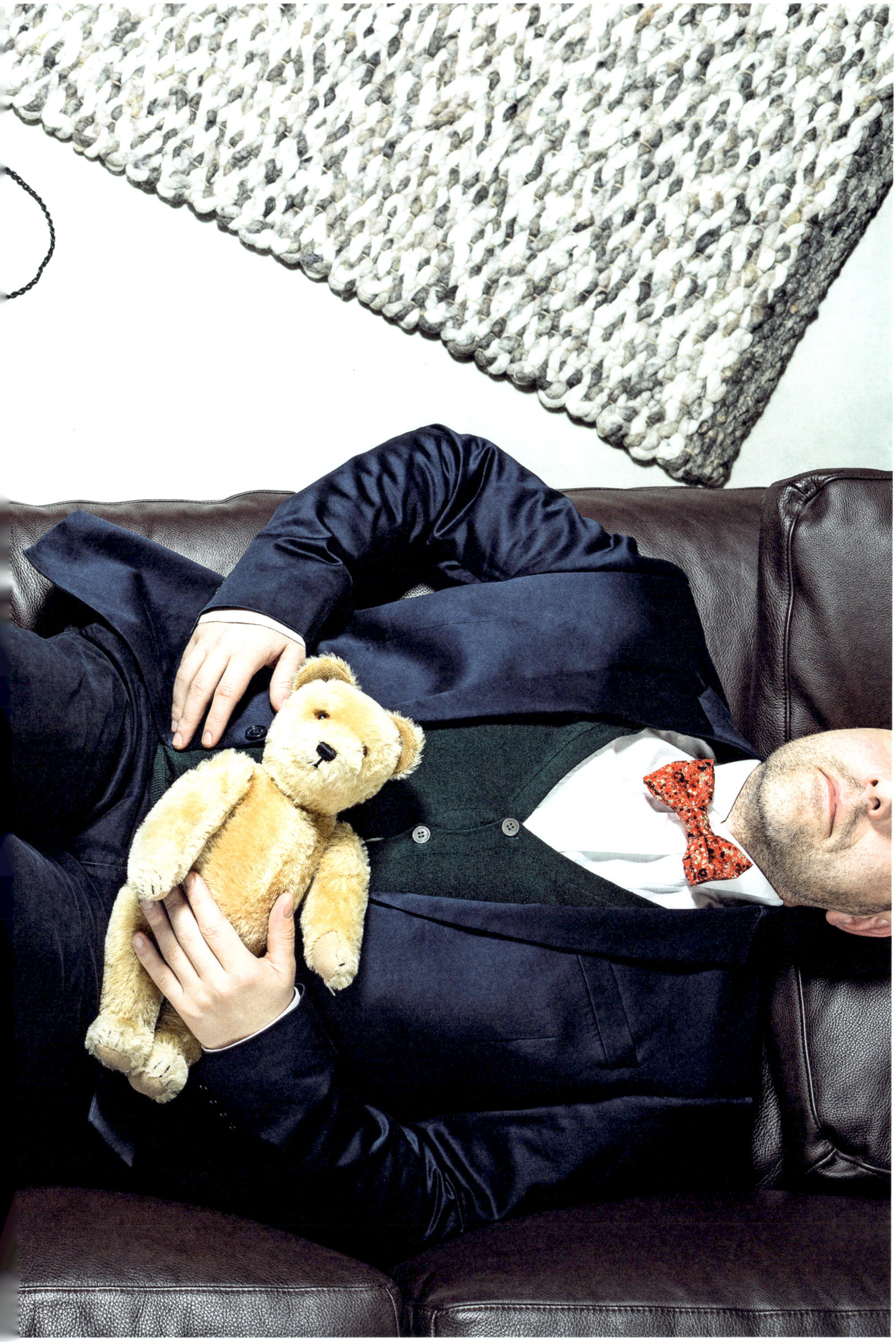

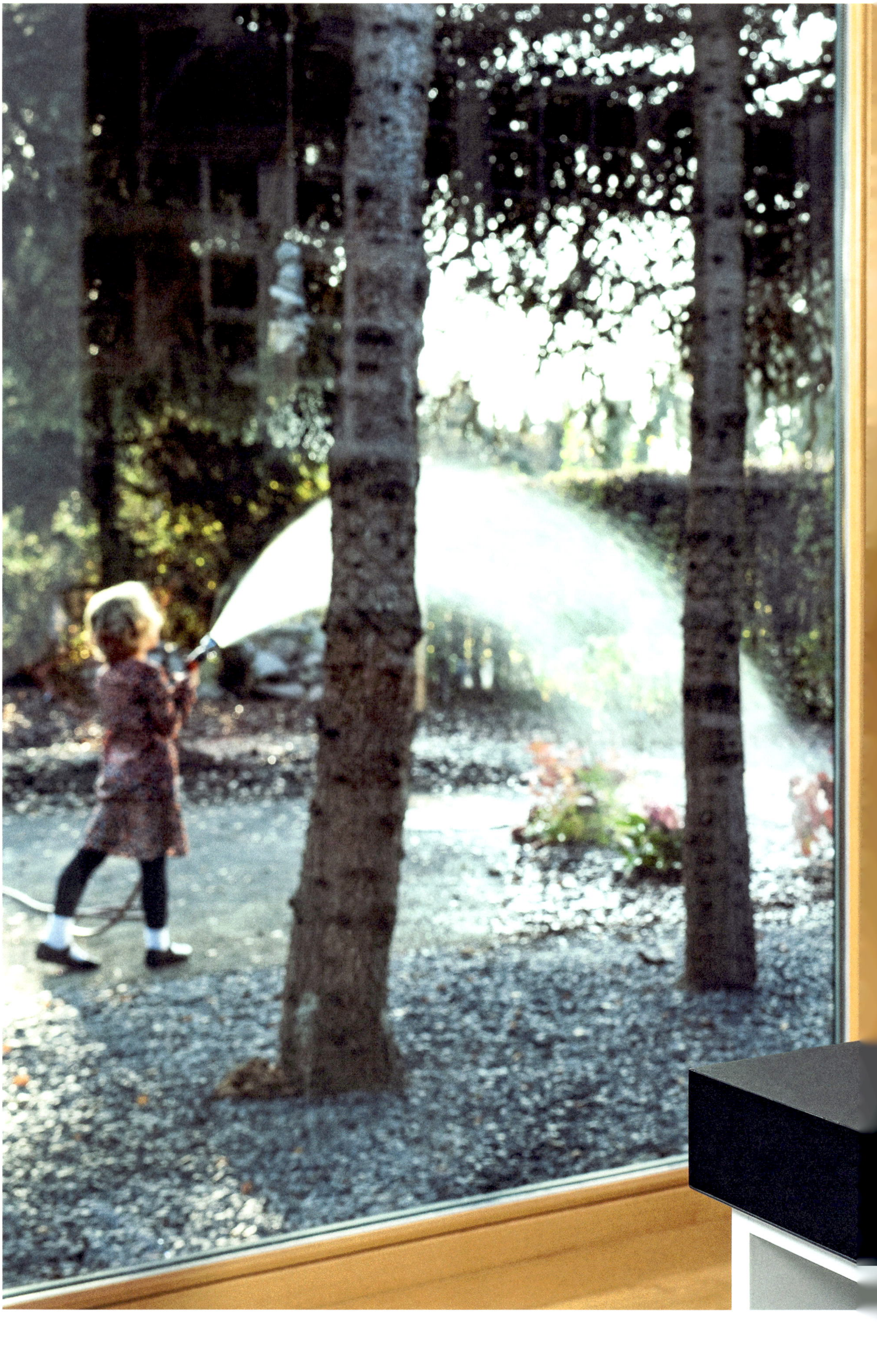

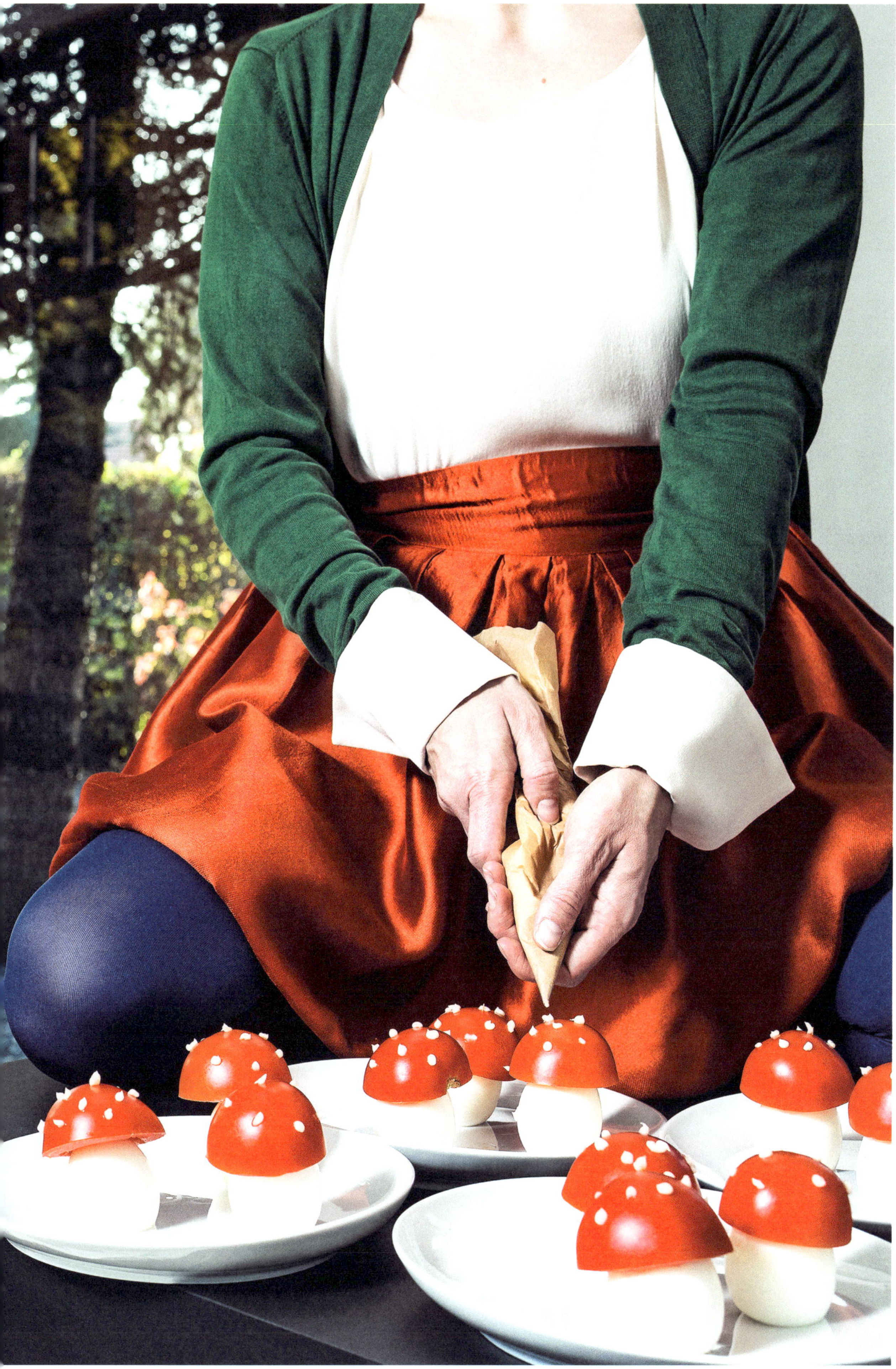

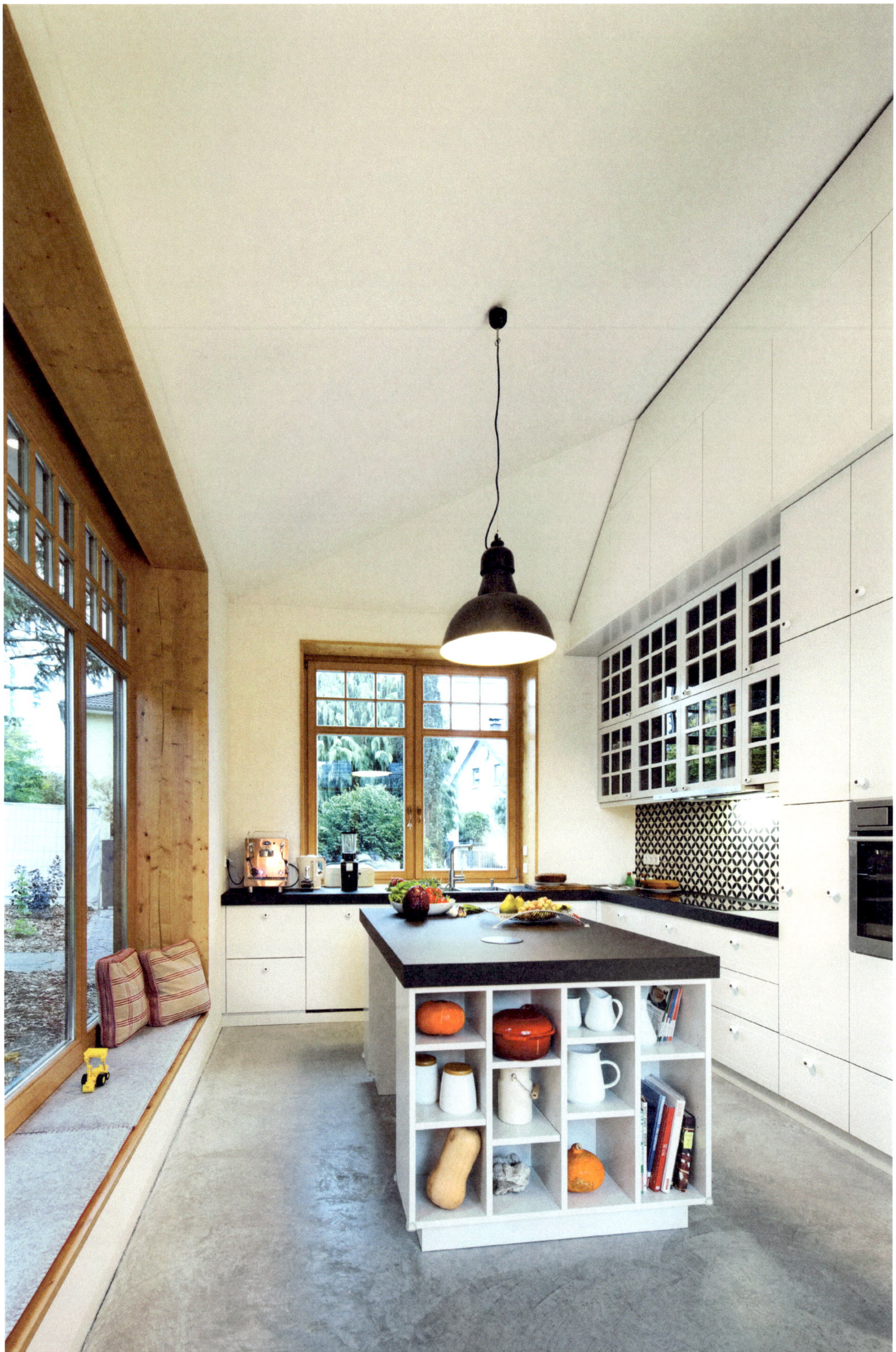

Der „Grüne Mäander" duckt sich hinter ein paar Hecken. Er versteckt sich aber nicht, muss er auch gar nicht. Die grüne Holzfassade passt sich ihrer Umgebung an. Die Bauherren wollten keine „schicke weiße Kiste im Bauhaus-Stil", sie wollten auch kein klassisches Satteldachhaus – eher hatten sie die Vorteile von einem Vierkanthof im Sinn. So etwas hätten die Architekten natürlich nicht gebaut. Aber die Idee an sich fanden sie gut. Ein Wohnhaus, das sich von der Straße abschirmt und einen geschützten Innenhof bildet, der sich nur zur Gartenseite hin öffnet. Mit diesem Bild haben sie eine ungewöhnliche, eigenwillige Architektur entworfen, quasi maßgeschneidert für die Familie. Ein Hybrid aus einer amerikanischen Ranch und der zeitgemäßen, individuellen Interpretation des Eigenheims – ein unsichtbarer Körper inmitten einer eher unauffälligen Gegend. Man ist aber gar nicht überrascht. Vier Rechtecke greifen im Grundriss ineinander, von der Straße sieht es dennoch aus wie ein gewöhnliches Wohnhaus mit dunkelgrünen Fassaden. Einem Grün, das an die Tannen und Kiefern in Holzhausen erinnert. Einem Grün, das natürlicher nicht sein könnte.

Die Nebenräume nimmt man auf den ersten Blick gar nicht wahr, zum einen durch die geschickte Anordnung, zum anderen durch die unscheinbaren Türen. Mittelpunkt des Hauses bilden Ess- und Wohnzimmer, von der Küche aus blickt man klassischerweise auf Gartentor und Einfahrt. Alle Schlafzimmer und das Bad erreicht man über eine Schiebetür im hinteren Gebäudeteil, während sich die Gästetoilette, auch ganz klassisch angeordnet, direkt neben der Eingangstür befindet.

Die fast raumhohen Fenster mit ihren tiefen Laibungen dienen als Sitz- oder Abstellfläche und vergrößern die einzelnen Räume in den Garten. Wirklich ungewöhnlich ist das Dach. So viele Winkel, Ecken und Knicke ergeben interessante Blickbeziehungen und erinnern an sakrale Raumerlebnisse.

Wer weiß, dass die Bauherren zuvor lange Zeit über zwei Etagen in einer Dachgeschosswohnung gewohnt, also Maisonette-Raumgefühle erlebt haben, versteht diese Proportion und Geometrie. Neun Meter Raumhöhe hatte die alte Wohnung, 5,5 Meter misst die höchste Stelle im neuen Haus. „Niedrige Räume sind für uns unvorstellbar", sagt Frau L. und nickt zufrieden in den Dachstuhl, wo bisher nur eine einsame Glühbirne hängt.

Ein weicher Estrich, glatt wie ein Babypopo und warm an den Füßen, hält den außergewöhnlichen Grundriss zusammen. Ungewöhnlich für ein Wohnhaus, aber mit Bedacht ausgewählt. Wo schon Fassade, Fensterrahmen und Möbel aus Holz sind, wären Dielen oder Parkett zu viel gewesen. Denn es gibt zwar einen unterbewussten Bezug zum Dachgeschoss, aber nicht zur Gründerzeitwohnung in der Beletage oder zum Bauernhaus in der Uckermark.

ARCHITEKTUR
UND DU

Nach einem Tag an diesem Ort spürt man, dass die Bauherren viel von ihrem Haus wollen. Ebenso viel verlangen diese Innenräume von ihren Bewohnern. Eine Möblierung von schwedischen Möbelhäusern wie Ikea passt hier nicht, ebenso wenig wie das geliebte Erbstück oder der lang ersparte und wiederaufgelegte Vitra-Klassiker. Die perfekte Basis für minimales Wohnen im Familienidyll: unscheinbar fast und doch gegenwärtig und direkt. Ein Haus, das die Auseinandersetzung und das Leben sucht.

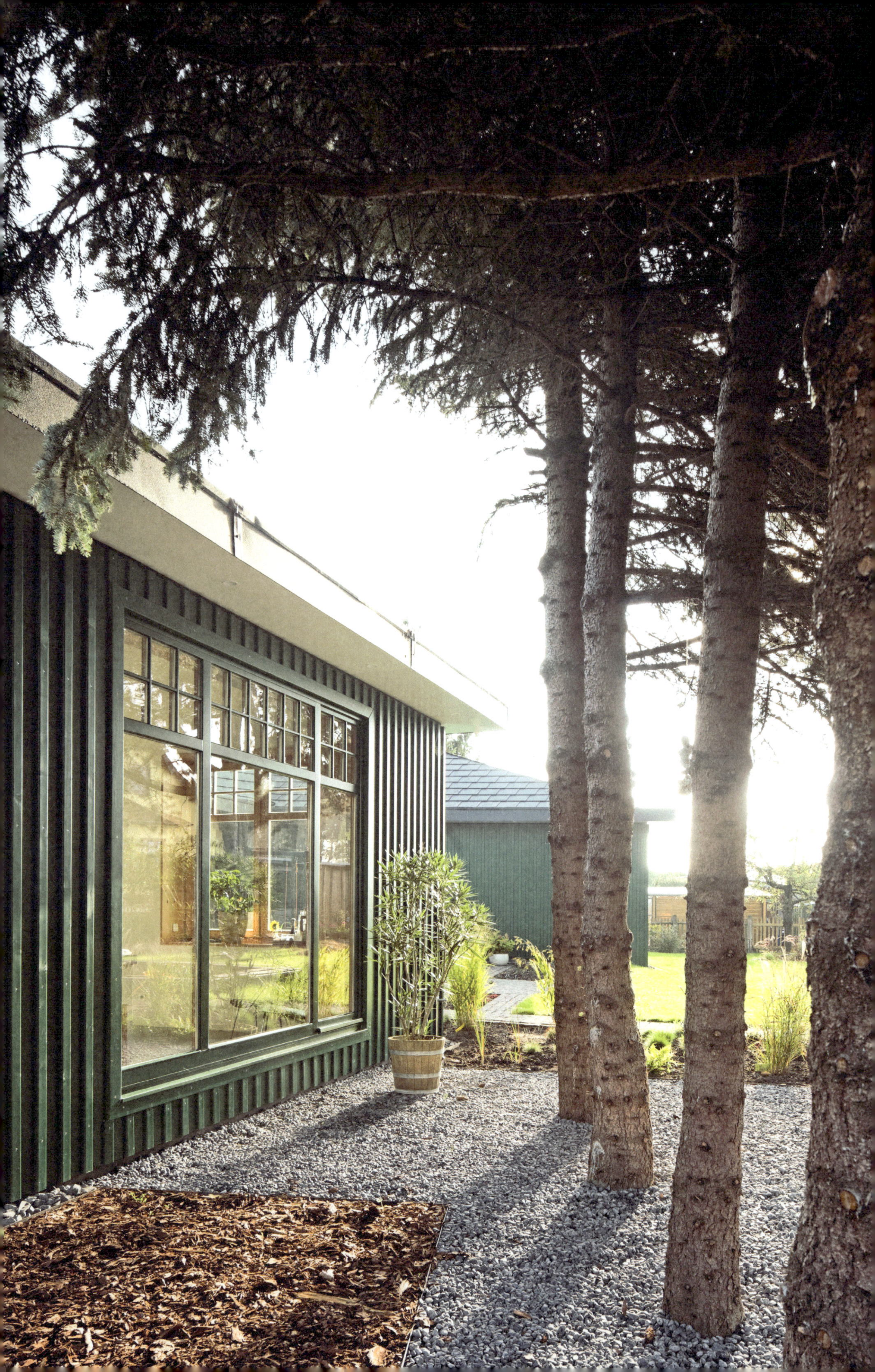

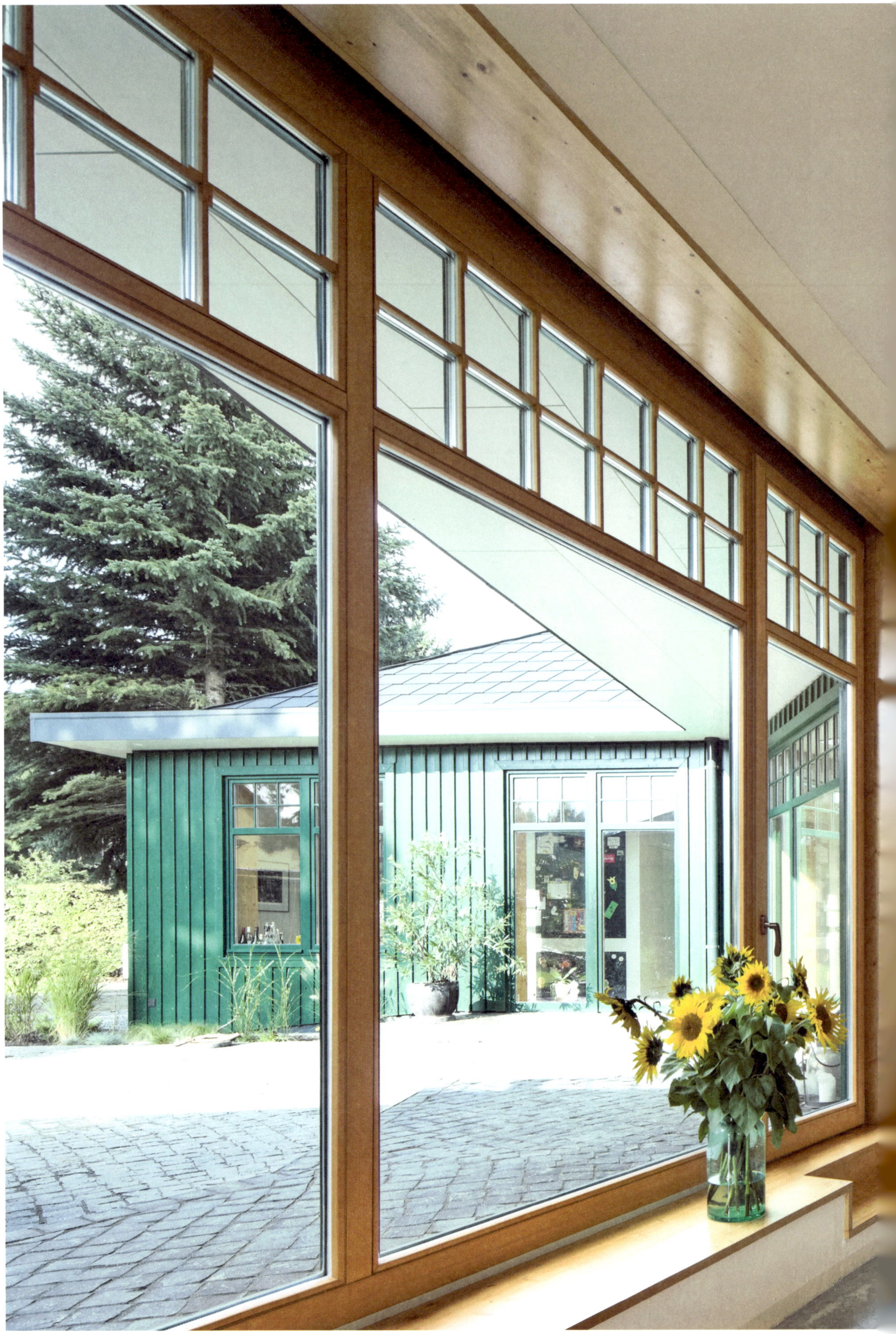

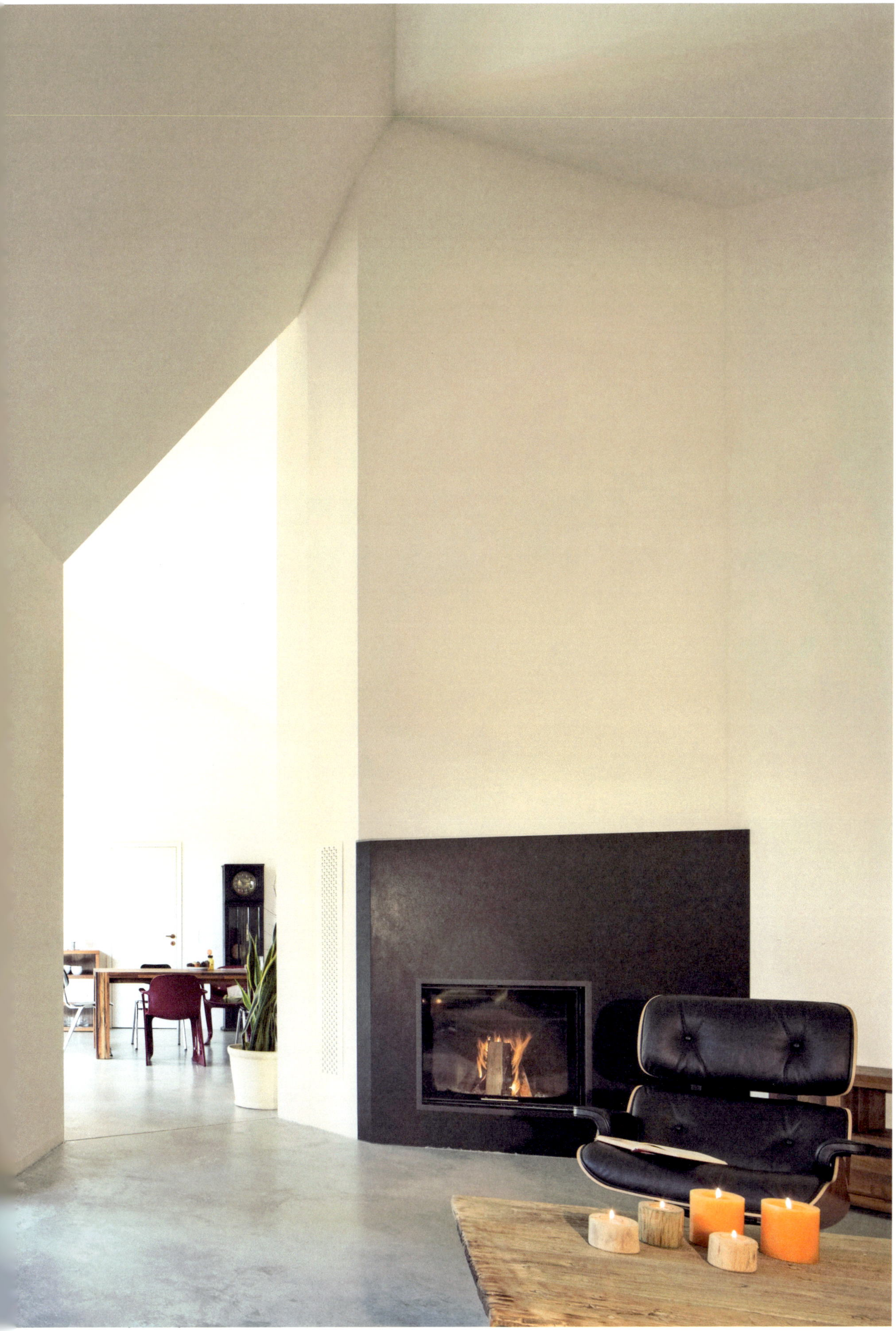

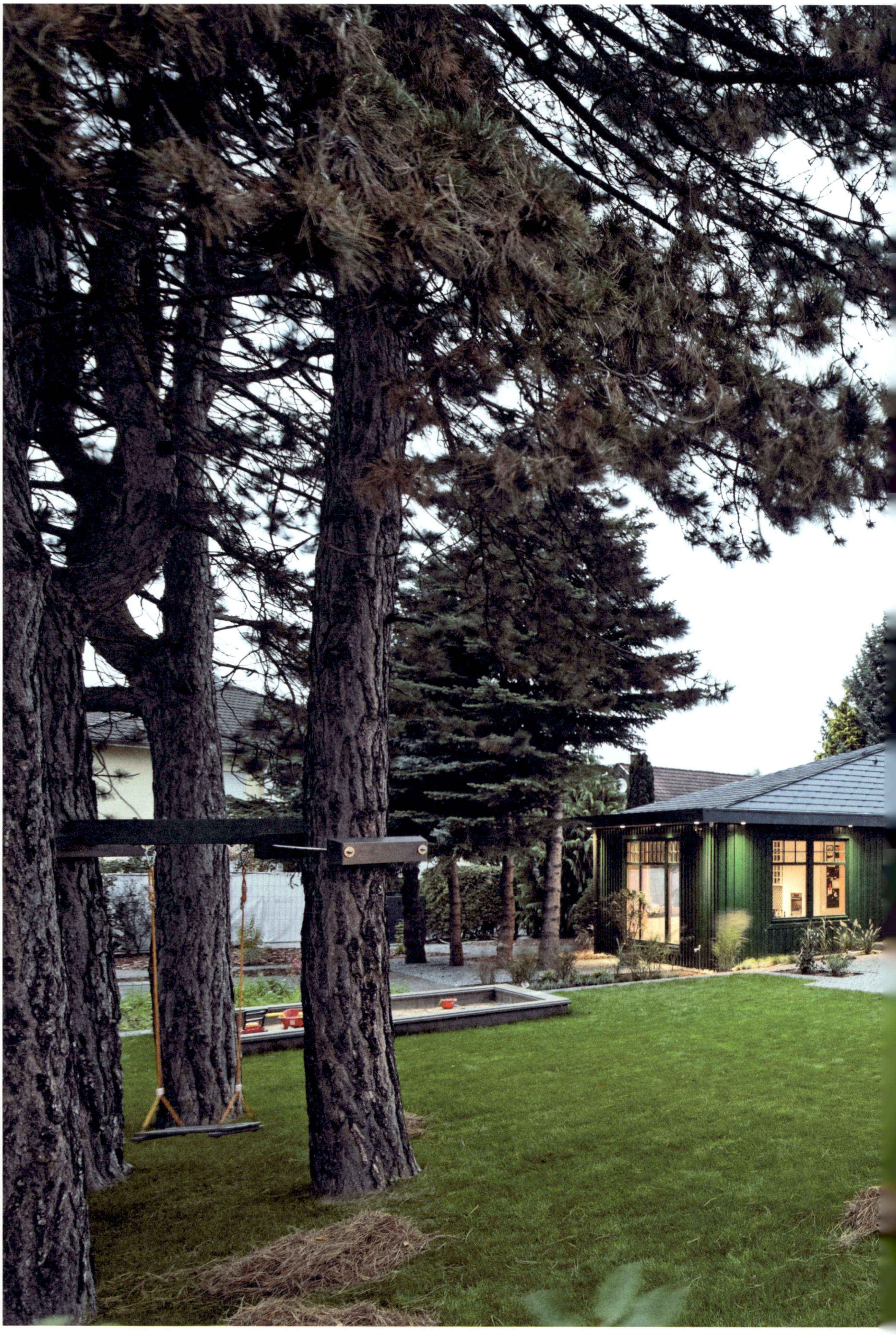

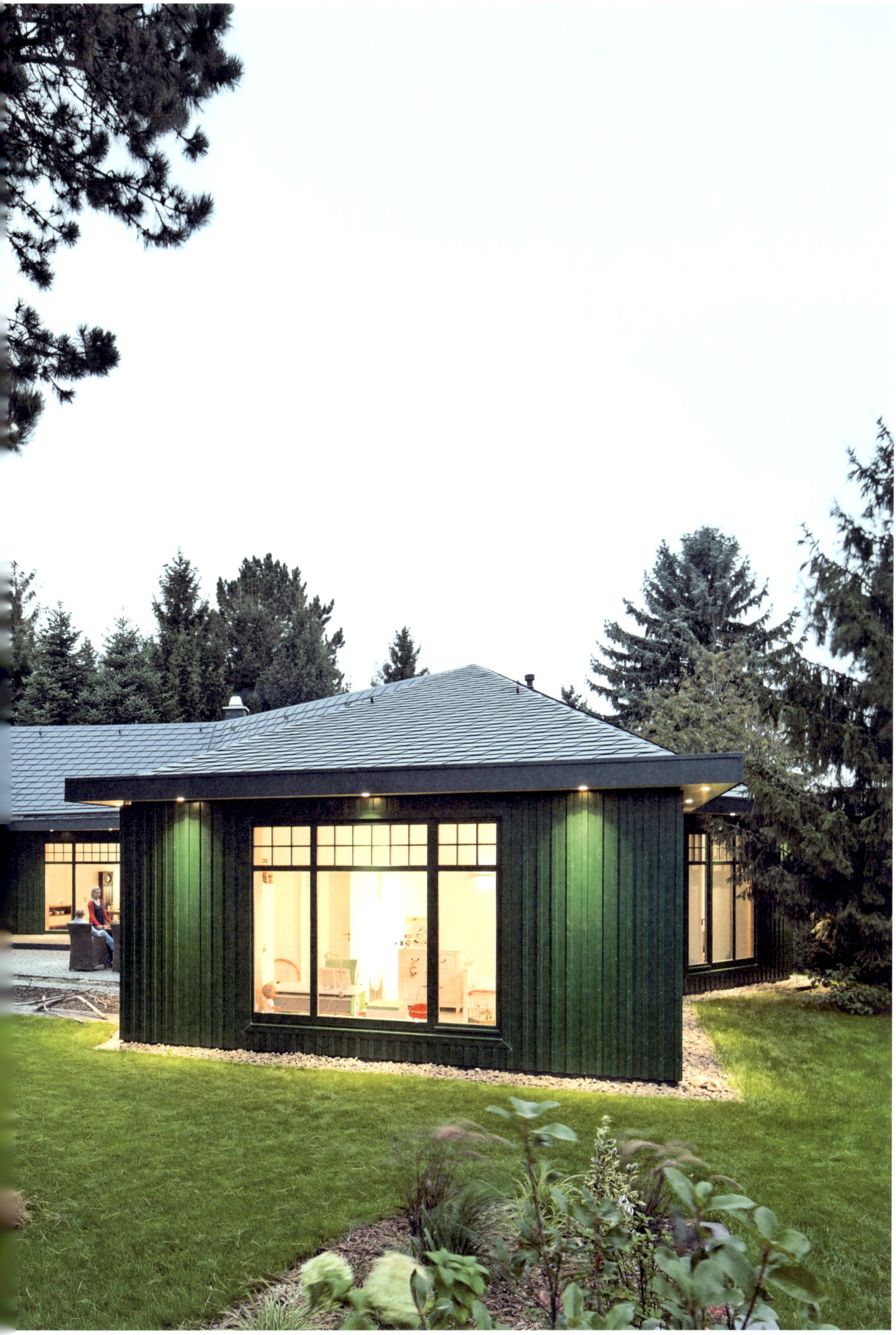

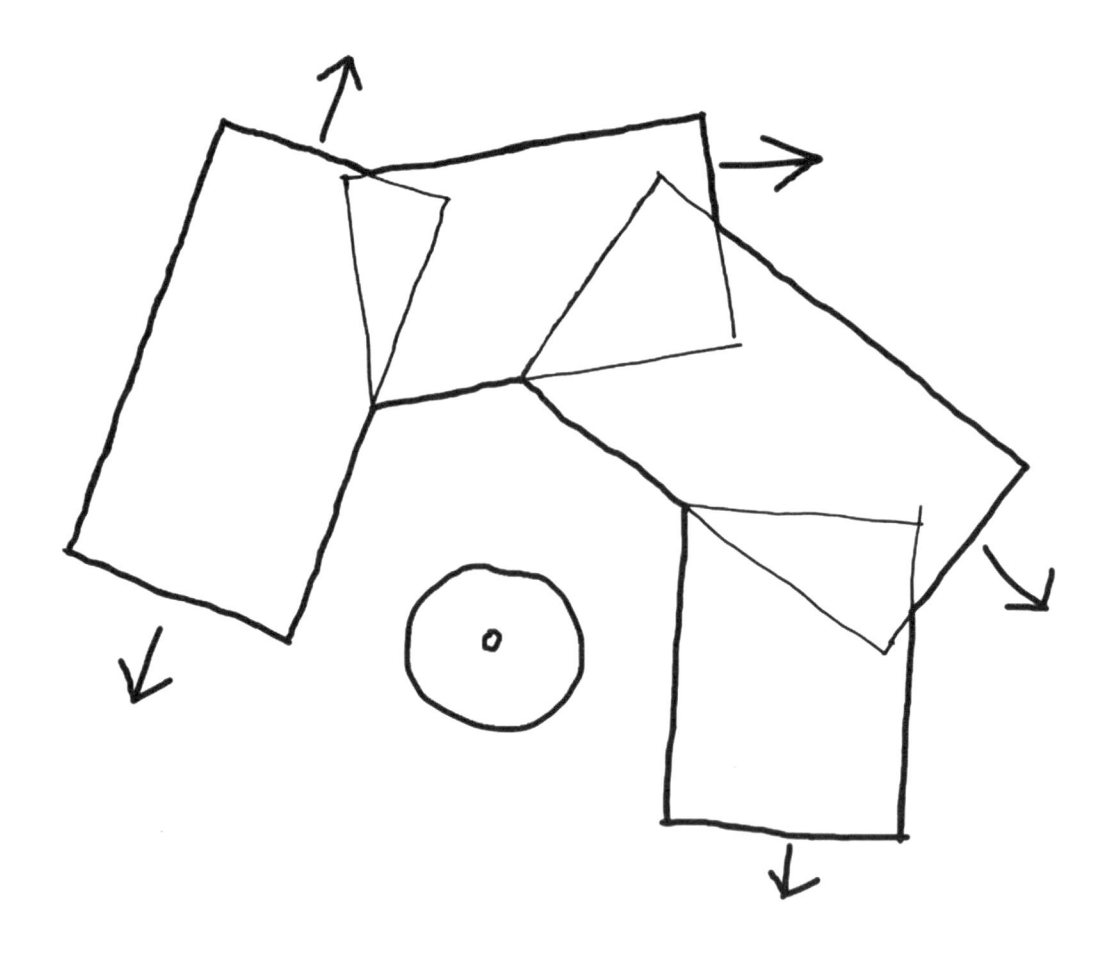

GRÜNER MÄANDER, LEIPZIG

Auftraggeber
Privat
Größe: 203 Quadratmeter Nutzfläche
Entwurf: Oktober 2011
Fertigstellung: November 2013/
Außenanlagen Juli 2014
Leistungsphasen: 1–9

Preise
Publikumspreis im Rahmen der
Ausstellung *Schöne Häuser,* einer
Werkschau des BDA Sachsen auf den
Designers' Open 2014
in Leipzig

75
ARCHITEKTUR
UND DU

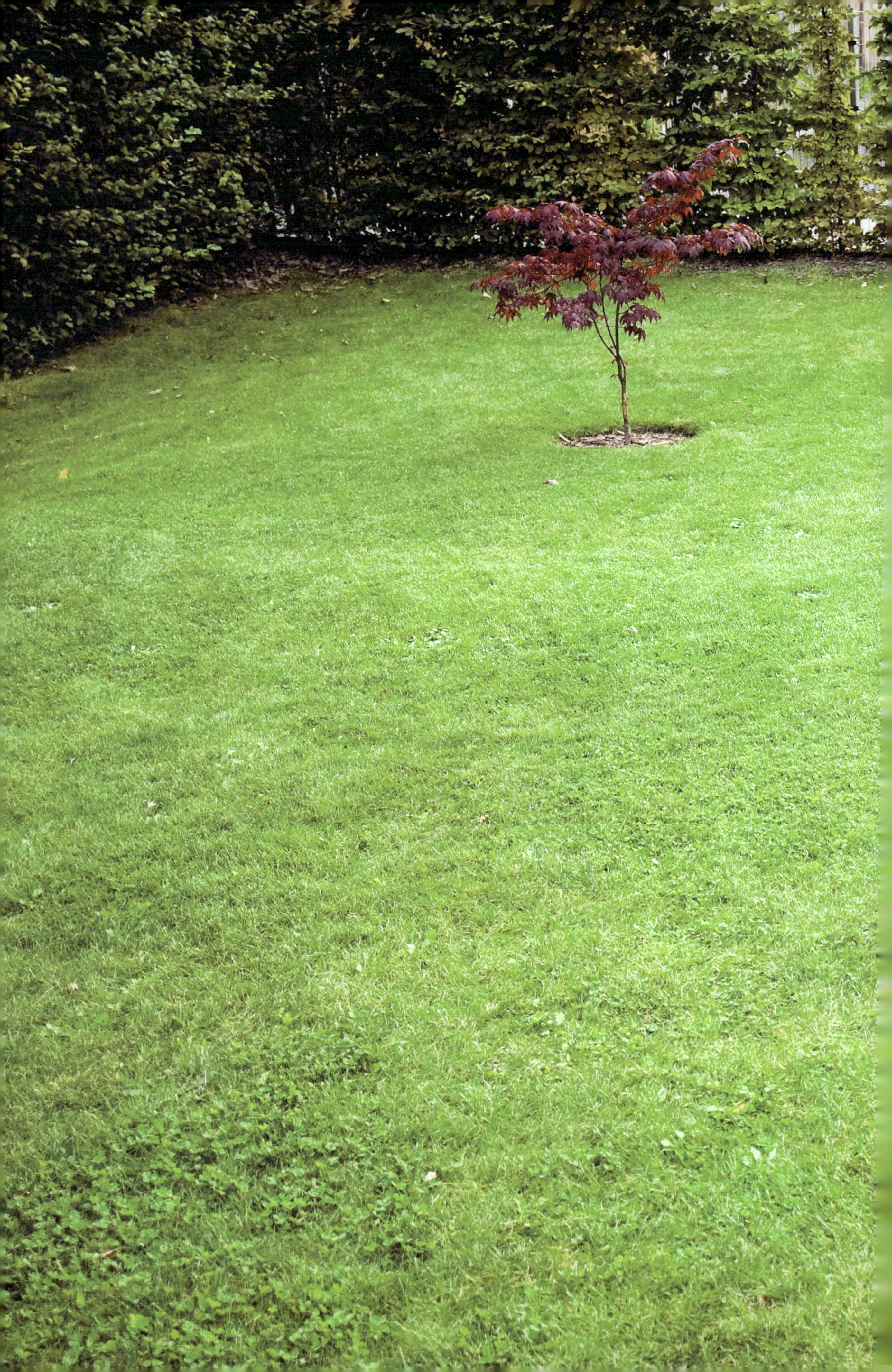

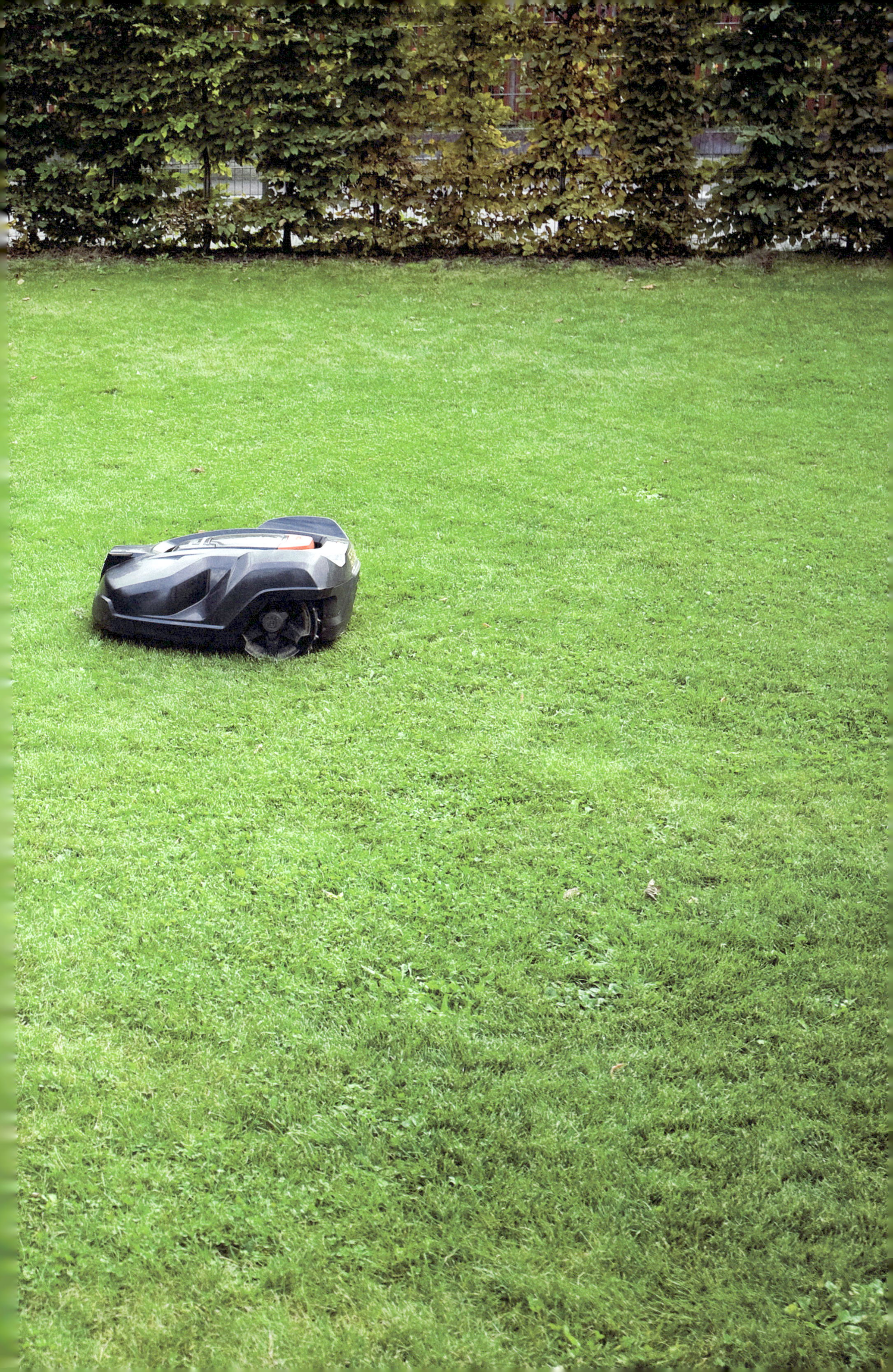

ARCHITEKTUR MUSS
STREITBAR SEIN

Ankunft in Zwickau-Cainsdorf. Bei einem ersten Besuch war beginnender Herbst. Die Wiesen und Hügel grün, an den Bäumen rötliches Laub. Die kleine Stadt liegt am Fuße des Erzgebirges; gerade mal 90.000 Einwohner leben hier. Jetzt ist es Februar. Die Sonne steht am Himmel. Das letzte Eis ist geschmolzen.

Der Gebietsleiter eines Betonunternehmens baut ein Haus – ganz aus Beton. Ist das nicht ein bisschen zu einfach? Schon am Anfang gehen die Geschichten auseinander. Hat der spätere Bauherr den Beton für ein frühes Bauprojekt der Architekten geliefert, oder war der Betonlieferant mit eben jenem Bauherrn befreundet? Sicher ist, man war sich sofort sympathisch. Und am Ende steht in Cainsdorf zwischen den traditionellen Wohnhäusern ein aus Beton gegossener Traum.

Seit 1985 hatte die Bauherrenfamilie am Hang unterhalb des Grundstücks gelebt. Nach der Wende war hier eine Tankstelle entstanden – inmitten eines ruhigen Wohngebietes. Nur einer der Gründe, weshalb das Unternehmen 1998 scheiterte. Von nun an sah man zu einer stillgelegten Tankstelle hinauf.

Der Entschluss, ein Haus zu bauen, war nicht ohne Zögern gefallen. Zu viele Freunde und Bekannte hatten die Bauherren bei dem Vorhaben verzweifeln, ja gesundheitlich leiden sehen. „Für mich war das Haus ein Experiment. Wenn man jeden Tag mit dem Baustoff Beton zu tun hat, möchte man irgendwann wissen, wie es ist, damit zu bauen", verrät der Bauherr. Der Tristesse der Ruine und möglichen

Kontaminationen des Bodens durch den Tankstellen-Betrieb entgegen, sollte das Grundstück am Hang, oberhalb des Elternhauses, das richtige dafür sein. Die alte Tankstelle war nach neuestem Stand der Bautechnik und nach Vorschrift errichtet. Der Boden war sauber. 2006 konnte die Familie das Grundstück erwerben – und das Abenteuer begann.

Schon bei einem ersten Gespräch sind Architekt und Bauherr sich einig. „Quadratisch, praktisch, gut, reiner Transportbeton, also keine Fertigteile. Wir wollten die ganzen Facetten des Betons, nicht nur die graue Masse, also alles, was der Beton hergibt, ausprobieren", so der Bauherr.

Nicht alle Nachbarn können mit dem Ergebnis etwas anfangen. Monolithisch steht es da, das Maison du Beton. Umgeben von alten Gebäuden mit klassischem Satteldach und diesen einigermaßen geschmackvoll nachempfundenen Neubauten. Erhaben auf dem Hügel thront dieser Kubus. Verschlossen und gleichzeitig offen nach allen Seiten. Ein Fremdkörper und Teil seiner Umgebung zugleich.

„Gute Architektur ist Mut, Kreativität, Kompromisslosigkeit, was die Kosten angeht", sagt er. „Architektur muss streitbar sein, mutig mit Baustoffen umgehen. Ziel muss es sein, etwas zu schaffen, was von der Norm abweicht." In seinem Kontext betrachtet, macht dies das Maison du Beton auf alle Fälle. Von der Norm abweichen.

Ein Sechseck mit Auskragungen, zusammengesetzt aus unregelmäßig verschnittenen Betonflächen, geometrisch verwinkelt. Saubere Fugen, perfekte Ankerlöcher, eine Oberfläche wie Stein gewordener Samt, durchbrochen durch großformatige Fenster mit überraschender Anordnung. Eine teilweise Verkleidung aus Alucobond. Kein Balkon, keine Terrasse. Wie ein Origami-Vieleck, das Kinder falten. Systematisch, filigran und grob zugleich. Um seinen Körper legt sich geschmeidig das Grundstück, so dass die Garageneinfahrt zum Hang hinunter zugänglich ist und alle repräsentativen Funktionen aufwärts zur kreuzenden Straße hin erfüllt werden.

Die so entstehende Teilung in drei Geschosse – Garage und Waschküche, Erd- sowie Obergeschoss – gibt dem Gebäude eine gewisse Leichtigkeit und lässt es trotzdem in seiner sanften Rohheit verwurzelt dastehen. „Wir wussten von Anfang an, dass das Gebäude polarisieren würde. Deshalb waren wir nicht überrascht, als die Nachbarn sich gewundert haben. Glücklicherweise hatten wir recht wenige Vorgaben." Dass es immer wieder vorkommt, dass er angesprochen wird, ob ihm das Geld ausgegangen sei, weil sein Betonhaus nicht verputzt ist, langweilt den Hausherrn schon fast. „Das ist eine saubere Lösung. Kein Kompromiss – bis zu den Ankerlöchern der Fassade", meint er. „Wie ein Diamant, verschieden eckig. Ich bin stolz auf unser Bauwerk."

Das Äußere lässt kaum einen Rückschluss auf das Innere zu. Auch hier ist alles ganz, wie es sich die Bauherrenfamilie vorgestellt hat. Hell, groß, viel

Licht, viele Flächen und hohe Räume. „Wir haben hier dank des Betons ein tolles Raumklima. Im Winter bleibt es warm und im Sommer schön kühl. Dazu das umweltfreundliche Erdwärmesystem. Wir haben eigentlich nichts falsch gemacht."

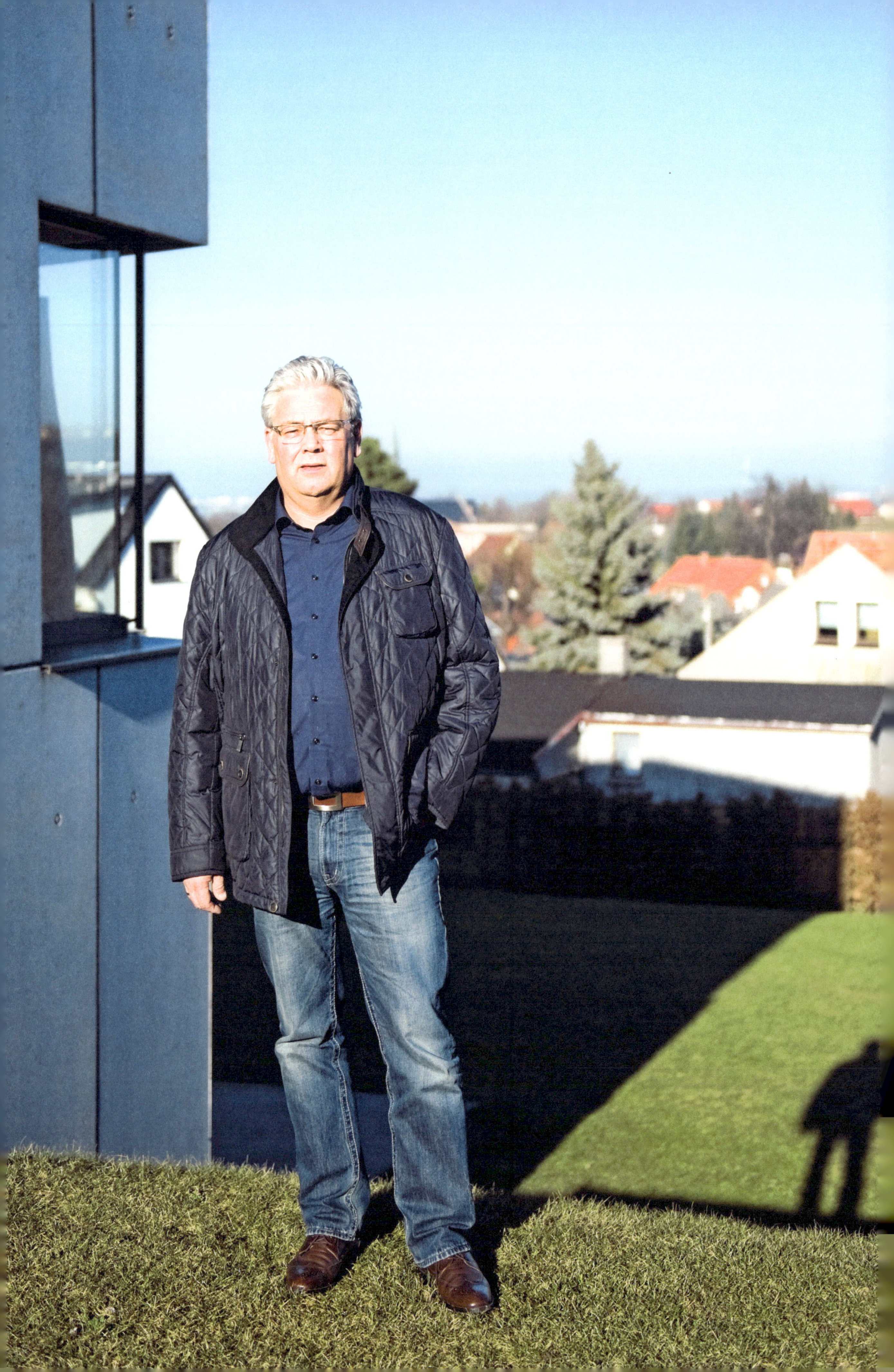

Die 260 Quadratmeter Wohnfläche verteilen sich maßgeblich auf das Erd- und Obergeschoss. Im Eingangsbereich wird das obere Geschoss durch eine Treppe erschlossen. Hier befinden sich die Schlafzimmer, der private Bereich. Eine Galerie lässt ins Ebenerdige blicken. Um den Gebäudekern ordnen sich hier L-förmig die Küche und der Wohnbereich an, durchgängig ist Travertin verlegt. Sämtliche Einbauten sind maßgefertigt.

„Wichtig war uns das Team: die Architekten, Planer, die Baufirma und der Schalungsbau. Jeder hat seine Rolle eingenommen und dazu beigetragen, dass alles gelingt." Der aufregendste Augenblick des Projektes war vielleicht, als das Haus zwischenzeitlich einseitig farbig getönt war. Der Maler hatte die Hydrophobierung unverdünnt aufgetragen.

„Es war immer mein Traum, ein Haus aus Beton zu bauen. Jetzt habe ich es gemacht und ich kann sagen: Bauen mit Beton macht Spaß. Es gibt keinen schöneren Baustoff. Alles ist hier individuell auf uns zugeschnitten. Ob es nun anderen passt oder nicht – es passt zu uns."

Cainsdorf hat einen hohen Altersdurchschnitt unter seinen Bewohnern. Der Arbeiterbezirk gehört nicht zu den Nobelvierteln der Stadt. Alfred, der Rasenmäher-Roboter, schreibt hier seinen Besitzern Karten aus dem Weihnachtsurlaub – bis zum Frühling ist er noch in Inspektion. Dies ist ein Haus für Frühling, Sommer, Herbst und Winter. Es geht alles zusammen. Ganz einfach.

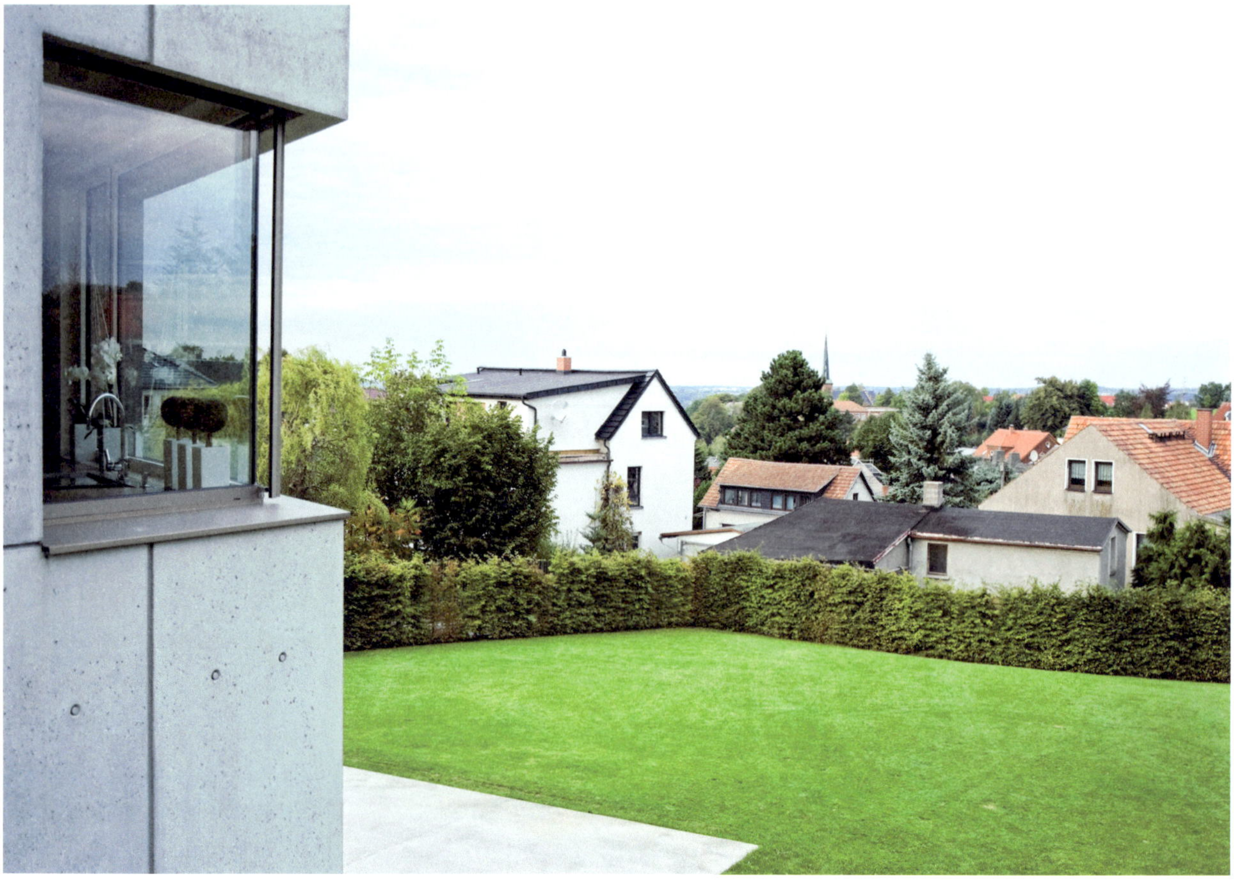

85
ARCHITEKTUR
UND DU

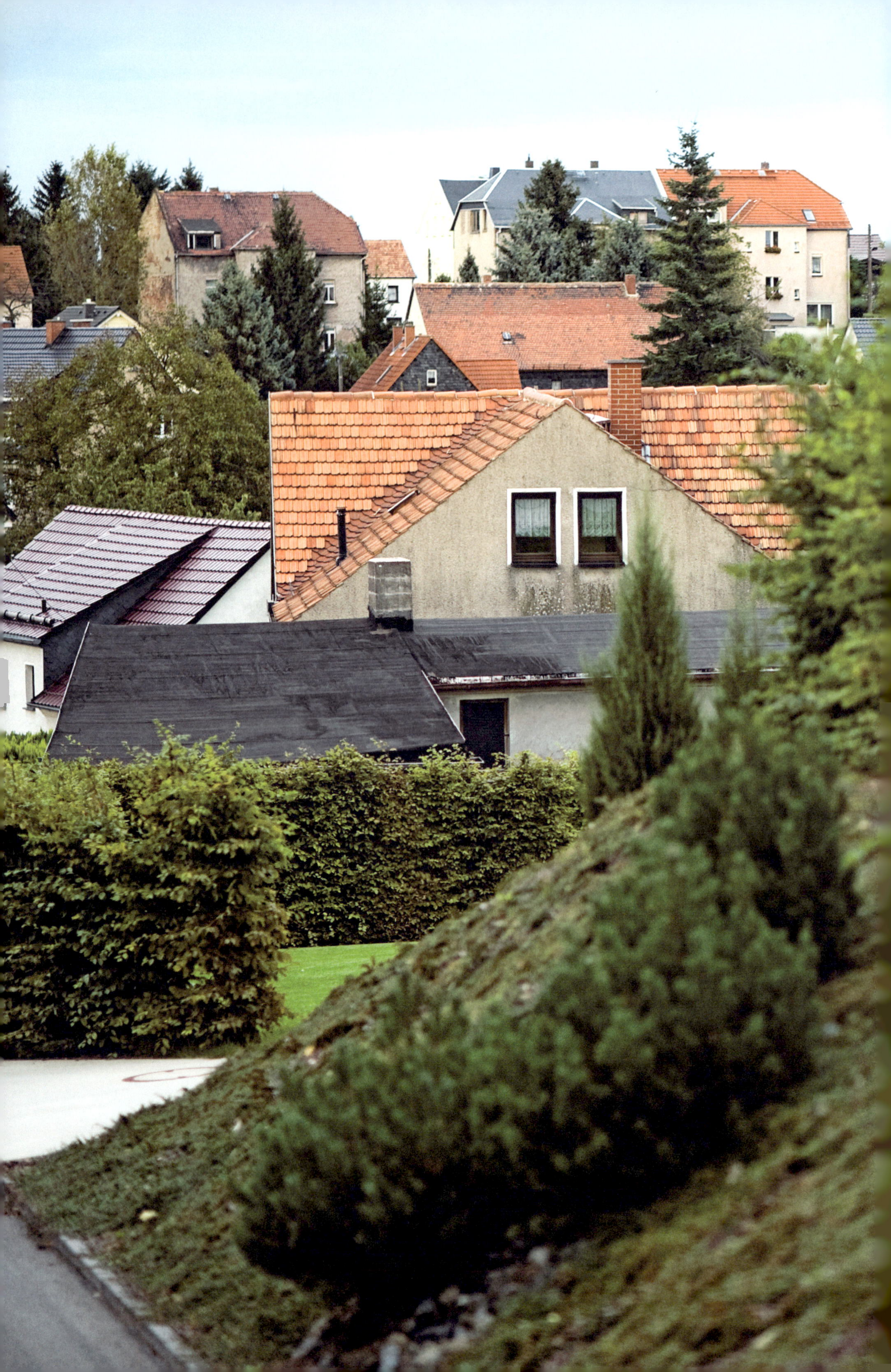

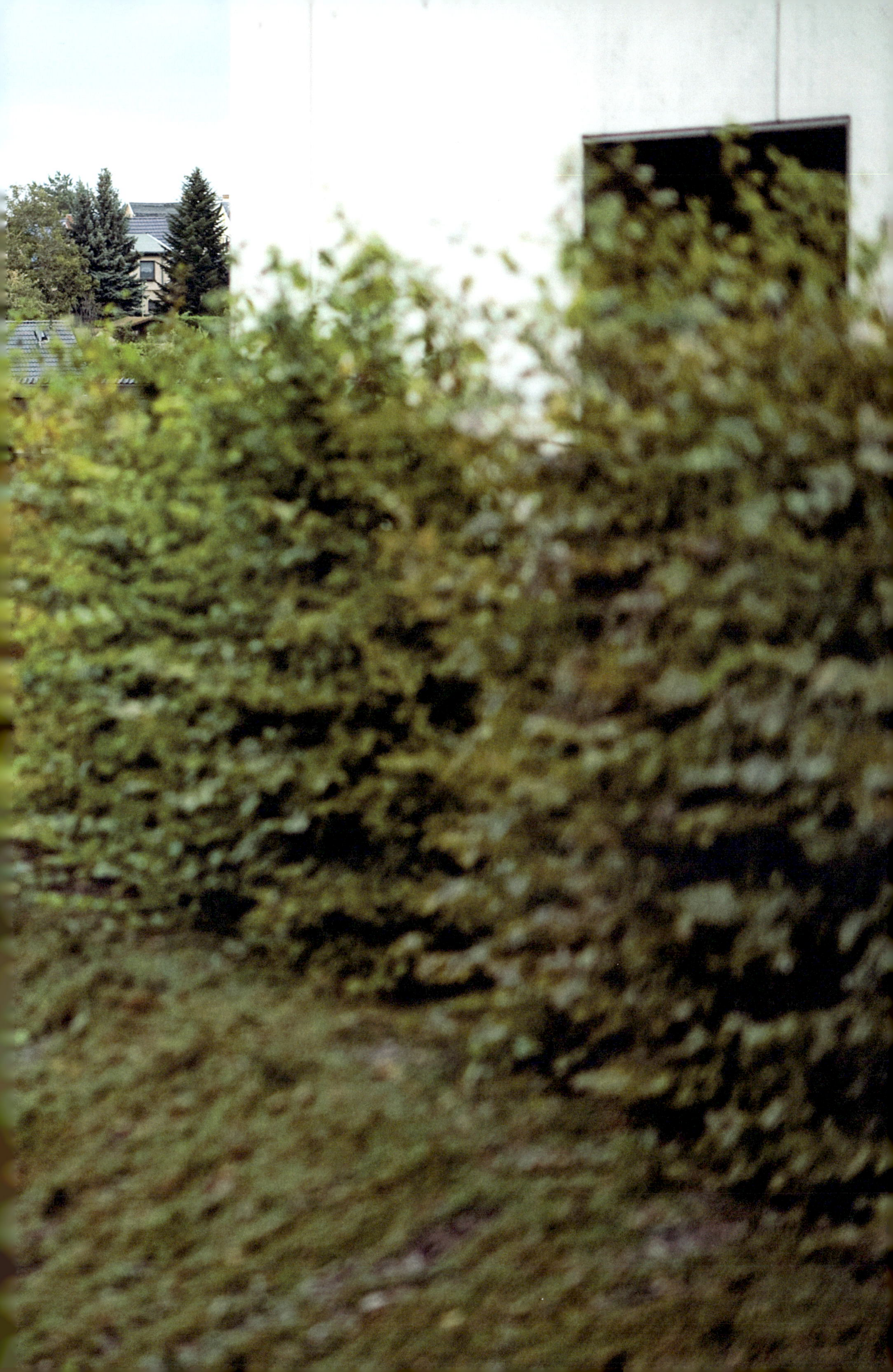

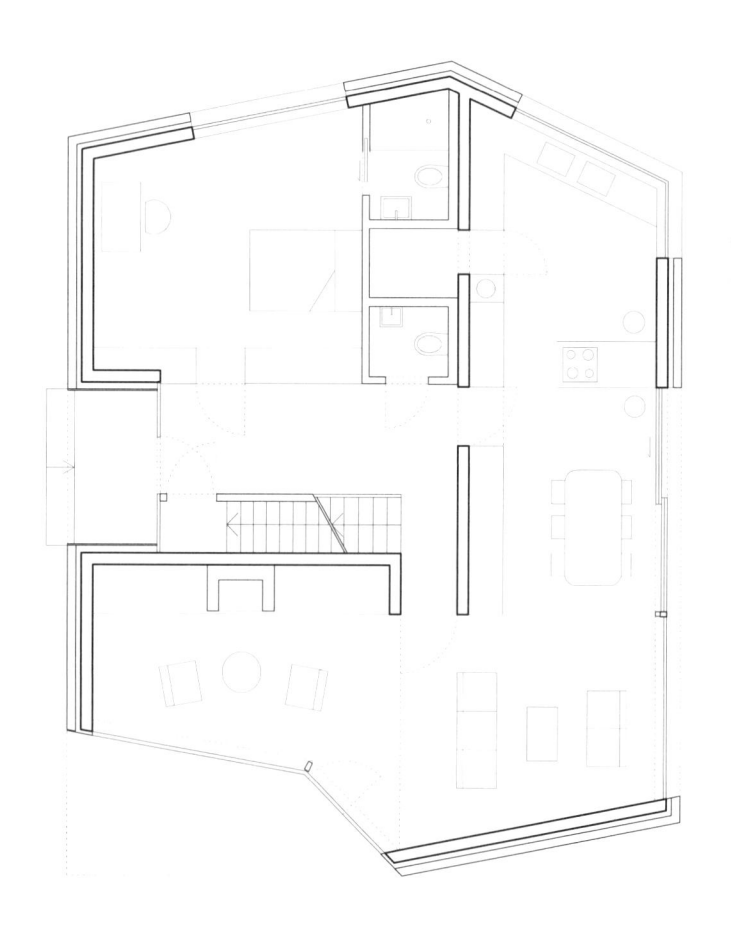

MAISON DU BETON,
ZWICKAU-CAINSDORF

Auftraggeber

Privat

Größe: 236 Quadratmeter (Nutzfläche)

Entwurf: Juni 2006

Fertigstellung: März 2009

Leistungsphasen: 1–9

Preise

Auszeichnung Architekturforum Zwickau, 2010

Nominierung Deubau-Preis, 2010

Nominierung Häuser Award 2010,

Nominierung Houses of the world – Nagrade Hise Award, 2010

GEDANKEN EINER BAUHERRIN

89
ARCHITEKTUR
UND DU

TIEFGARAGE MIT SEEBLICK

Das Besondere an meinem Haus ist der Sichtbeton, aber auch die Lage am See. Alle Wohn- und Schlafzimmer sollten direkt auf das Wasser zeigen. Mein Haus steht auf einem Hang, ist eingeschossig und nicht sehr groß: „Reduce to a minimum", lautet mein Motto.

Ich mag Sichtbeton sehr. Wenn ich früher mit meinem 2012 verstorbenen Mann durch die Parkhäuser gegangen bin, haben wir uns immer gemeinsam für die Wände aus Sichtbeton begeistert. Für mich ist Beton sehr ursprünglich. So wie er gegossen wird, steht er am Ende da: mit allen Rissen und Fugen. Da ich ein geradliniger und offener Mensch bin, ist auch mein Haus so geworden: Es sollte nichts kaschiert, verdeckt oder übermalt werden.

Seit 1999 wohne ich in Groß Glienicke. Das Grundstück am See habe ich im Februar 2011 zufällig während eines Spaziergangs mit meinem Hund entdeckt. Es stand zum Verkauf. Vorn die alten Rhododendren, überall Nadelbäume und Waldboden: Genau so will ich es auch nach Fertigstellung des Baus wieder wachsen lassen, das heißt keinen typischen Vorgarten anlegen.

Ich mag Gebäude wie die Neue Nationalgalerie in Berlin von Mies van der Rohe. Und ich liebe den russischen Konstruktivismus und das Bauhaus mit ihren klaren Formen und Strukturen, die sich auch im Alltag bewähren. Unverständlich sind mir Rekonstruktionen wie das Stadtschloss in Berlin. Dass alte Gebäude originalgetreu wieder aufgebaut werden, kenne ich noch aus Russland, wo ich über zehn Jahre gelebt und gearbeitet habe. Da wurden alte Kathedralen erst zerstört und dann als Märchenschloss wiederaufgebaut. So können Architektur und auch der Mensch sich nicht weiterentwickeln.

Ich wollte unbedingt ein Haus aus Sichtbeton bauen. Die Suche nach dem richtigen Architekten war nicht ganz einfach. Ich hatte je ein Vorgespräch mit einem Architekten aus Berlin und einem aus dem Berliner Umland. Der Berliner war zwar sehr innovativ, hatte aber leider noch nie mit Beton gebaut. Und als ich dem Architekten aus dem Umland meinen Wunsch von einem Wohnhaus aus Sichtbeton erläuterte, war die Reaktion: „Aha, Sie wollen einen Bunker bauen!" Bei einer Internetrecherche bin ich dann zufällig auf das Maison du Beton in Zwickau von Atelier ST gestoßen. Ich fand die Fotos von dem Haus gigantisch und habe die beiden daraufhin kontaktiert. Ihr Fachwissen über Beton, aber auch ihre überaus sympathische Art und der respektvolle Umgang mit mir als Bauherrin haben mich sofort begeistert.

Mein Wohnhaus ist genauso geworden, wie ich es mir vorgestellt habe. Es besteht aus Sichtbeton, Glas, Holz und Fliesen. Das Einzige, wovon mich die Architekten erst überzeugen mussten, waren die Möbeleinbauten aus Seekiefer. Unter anderem habe ich jetzt eine wunderschöne, raumhohe Bibliothek für meine vielen Bücher. Alles ist perfekt.

Die Leute aus dem Dorf fragen mich, wann ich einziehe. Wenn ich antworte, dass das Haus schon fast fertig ist, glauben sie es nicht. Mit meinem Haus verhält es sich wie mit einem PT Cruiser: Entweder man mag es oder nicht! Meine Freunde, die einen ähnlichen Zugang zur Architektur haben wie ich, lieben mein Haus. Bekannte oder Nachbarn fragen sich: Wie kann man in so einem Haus wohnen?! Aber ich finde mein Haus wunderschön. Ich habe es für mich gebaut. Nicht für die anderen. Und ich habe den Traum meines Mannes verwirklicht.

Ein Highlight ist die Dachterrasse. Mein jetziger Freund und ich sind beide Mitglied im Angelverein, mit einem Steg direkt vor dem Haus. Ich stelle mir vor, wie er auf dem See angelt, während ich oben auf der Terrasse in einem Liegestuhl sitze und dann von ihm ein Zeichen bekomme, wenn ein Fisch angebissen hat.

Das Haus ist zwar – auch innen – aus Sichtbeton, aber nie kalt – wir, meine beiden Töchter, mein Freund und ich, füllen es ja aus mit unserem Leben und unseren Erinnerungen. Ich habe sehr viele Bilder in meinem jetzigen Haus, die ich natürlich mitnehme. Die Wände werden also nicht grau bleiben …

Auch das ursprünglich im Industriebau verwendete Profilglas mag ich. Wenn innen Licht an ist, dann leuchtet das Haus förmlich von oben vom Hang. Viele Leute bleiben stehen und schauen. Daran muss ich mich wohl erst mal gewöhnen, aber es ist toll, wenn sogar Fremde meine Freude an diesem Haus mit mir teilen.

Da innen kaum ausgebaut werden musste, ist das Haus relativ schnell fertig geworden. Baubeginn war Mitte Mai 2014, im September bereits das Richtfest. Die Architekten haben darauf gedrängt, den Bau relativ schnell fertigzustellen. Wir könnten schon Anfang März 2015 einziehen, aber das schaffe ich aus familiären Gründen nicht. Ich möchte mich nicht hetzen, sondern den Umzug mit Hilfe meiner Familie und meiner Freunde bewusst gestalten, fast zelebrieren. So wie ich gebaut habe, mit Muße und mit Freude, so möchte ich auch umziehen.

Viele Leute warnen davor, dass man bei einem Hausbau graue Haare bekommt. Ich habe über die gesamte Bauzeit hinweg jedoch große Freude empfunden. Da ich nur 400 Meter von der Baustelle entfernt wohne, konnte ich so gut wie jeden Tag die Baustelle besuchen. Es war der Prozess, der mir Spaß gemacht hat. Als der Estrich gegossen wurde, bin ich sogar nachts noch mal mit meinem Hund hin und habe Kaffee und Brötchen für die Handwerker vorbeigebracht.

Die Zusammenarbeit mit den Architekten war ein Geben und Nehmen – wir haben uns wunderbar ergänzt. Sie haben sich angehört, was ich mir vorstelle, und daraufhin ihren Entwurf gefertigt. Im Nachhinein hatte ich dann noch die Vorschläge mit der mobilen Trennwand (da meine Töchter bald aus dem Haus sein werden, wir jetzt aber noch drei Schlafzimmer benötigen, wird ein Schlafzimmer temporär vom großen Wohnraum abgetrennt) und dem Bücherregal – beide wurden wiederum von den Architekten angenommen. Mir war es stets wichtig, die Architekten bei allen Entscheidungen um ihre Meinung zu bitten, denn das Haus ist auch ihr „Baby".

Ich habe keine Bedenken, dass mein Haus zu klein sein könnte. Von der GFZ her hätte die Grundfläche nicht größer sein dürfen. Die einzelnen Räume sind klein genug, so dass sie nicht an eine Galerie erinnern, sondern eher vielleicht an eine Klosterzelle: mit Tisch, Bett und Schreibtisch.

Ich werde mich im Verlauf des Umzugs von vielem trennen, mich bewusst reduzieren. Meine Bücher sind ein Teil von mir. Und die Kunst an den Wänden. Meine Töchter und mein Freund leben mit mir. Meine engen Freunde werden mich besuchen. Alles andere, was mir wichtig ist, habe ich im Herzen. „Das einzig Wichtige im Leben sind die Spuren von Liebe, die wir hinterlassen, wenn wir gehen", hat Albert Schweitzer gesagt.

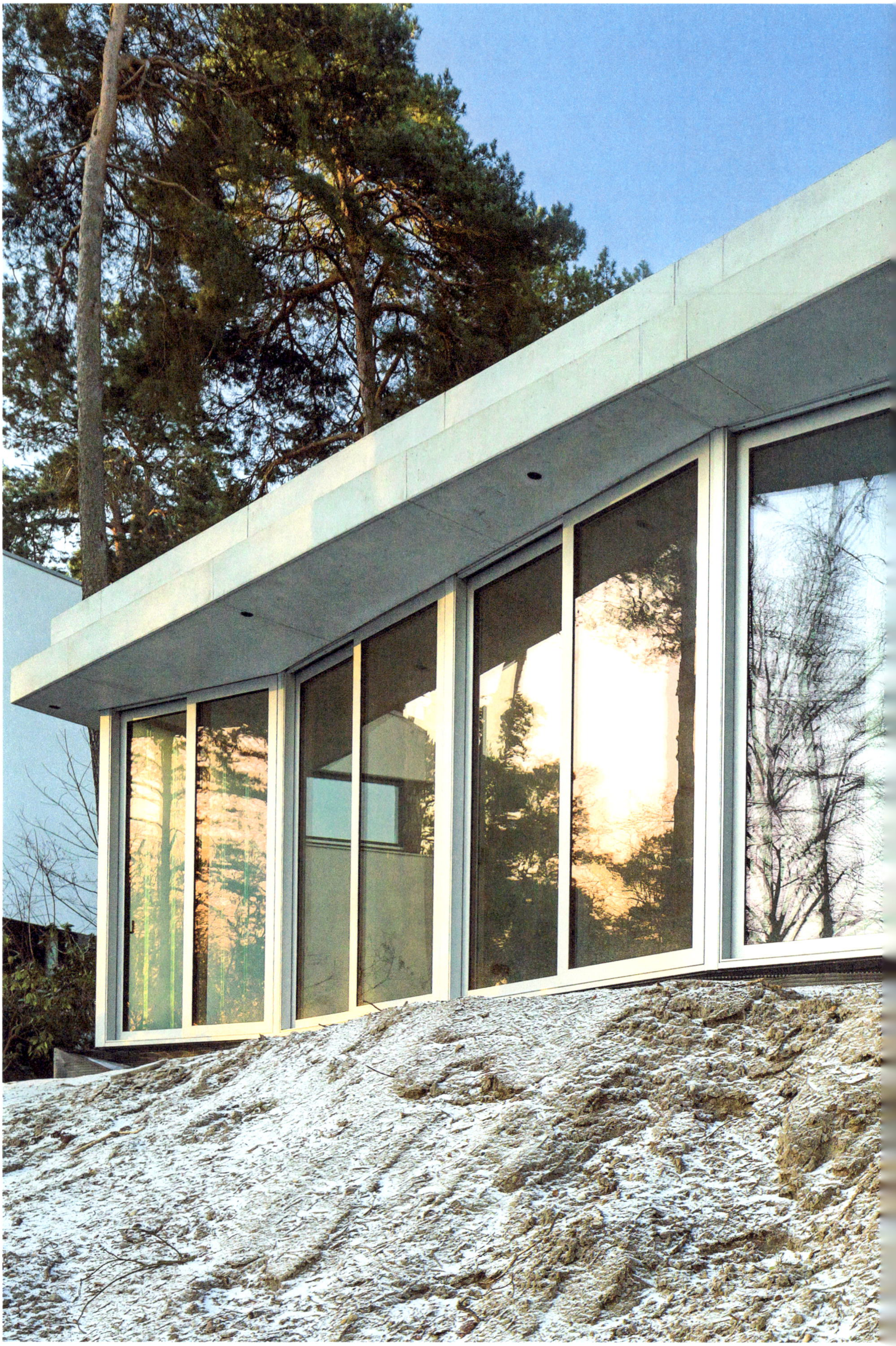

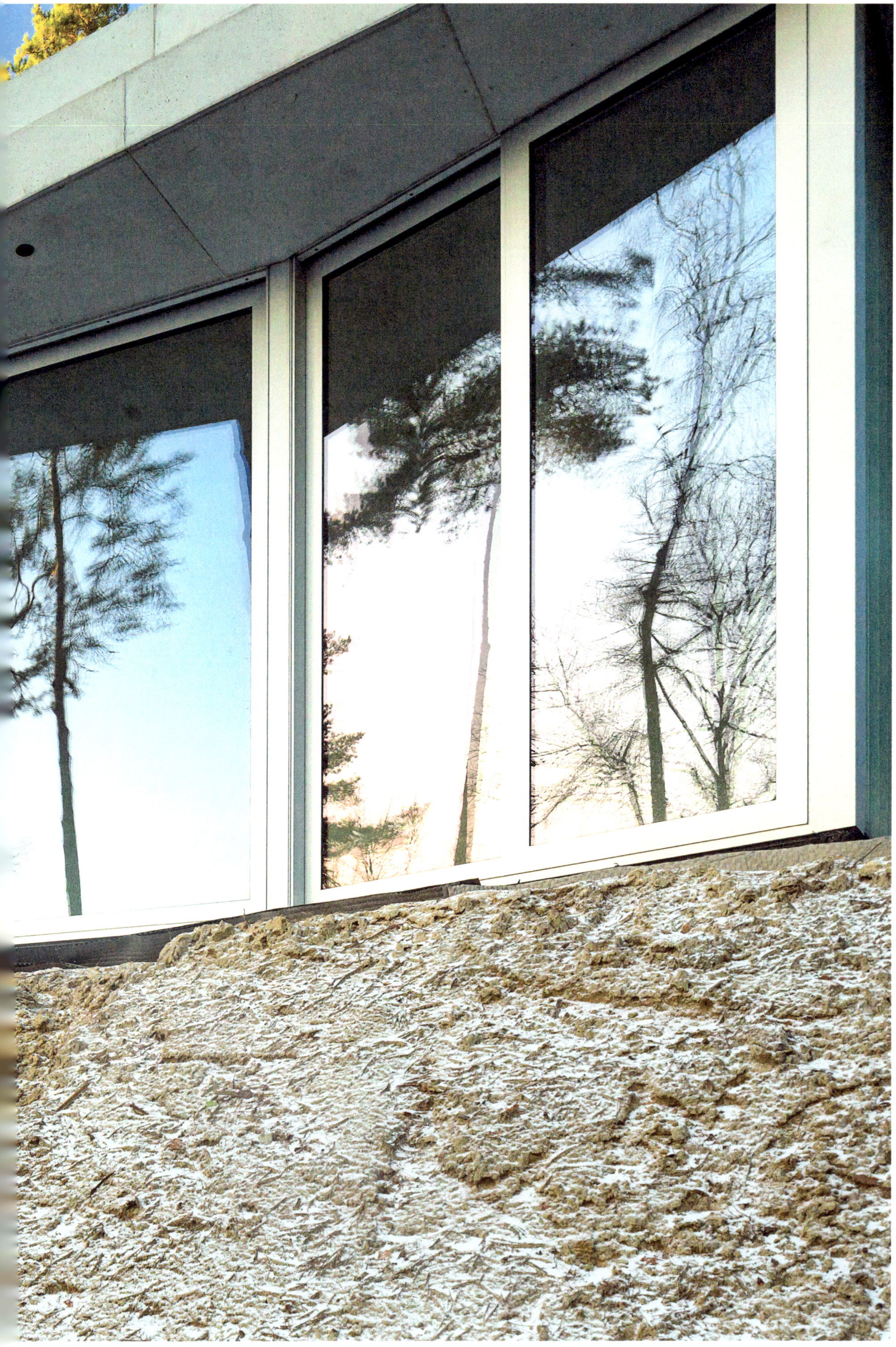

SANDWICH AM SEE, POTSDAM

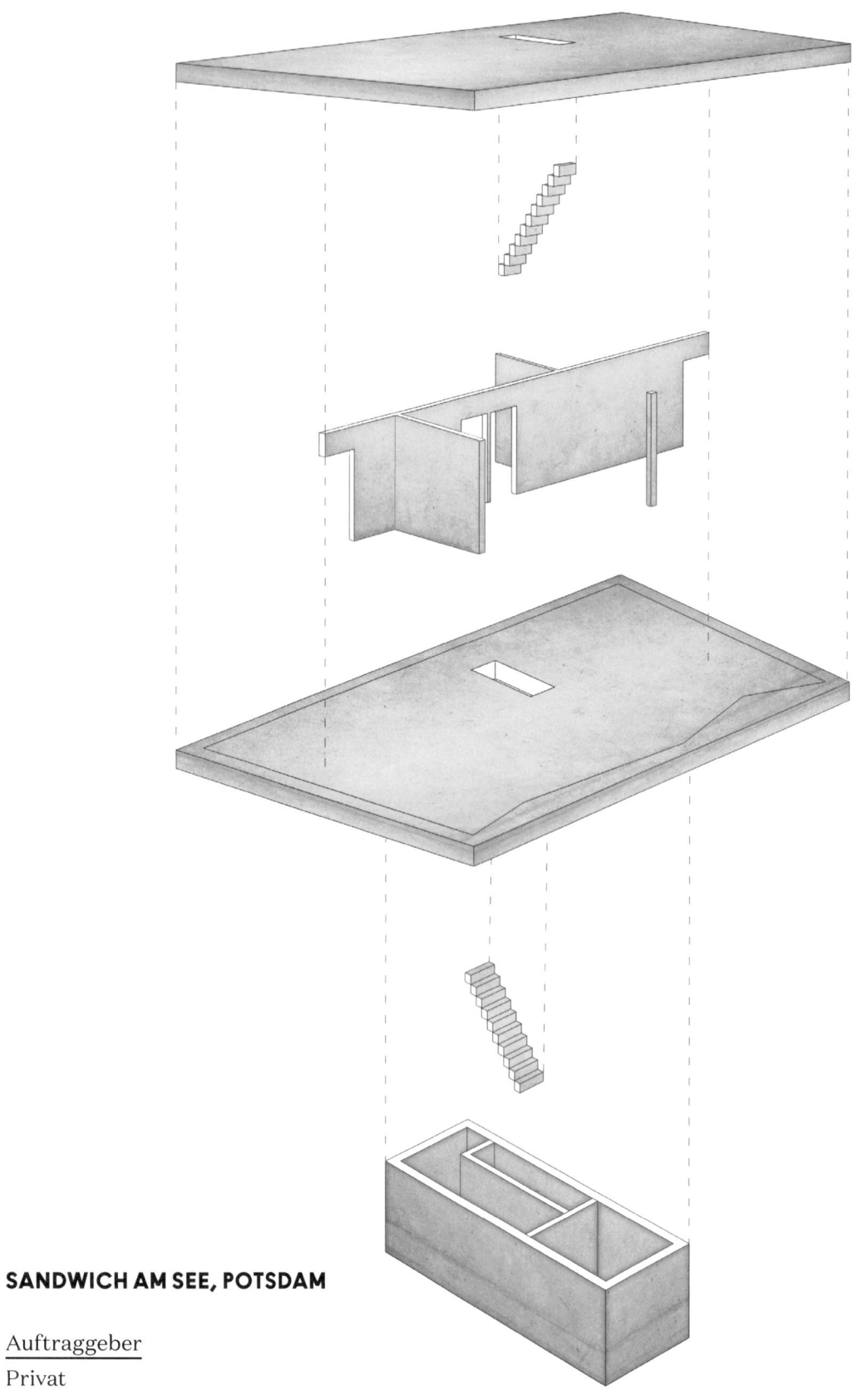

Auftraggeber
Privat
Größe: 108 Quadratmeter Nutzfläche
Entwurf: August 2013
Fertigstellung: März 2015
Leistungsphasen: 1–8

IM WALDHAUS

97
ARCHITEKTUR
UND DU

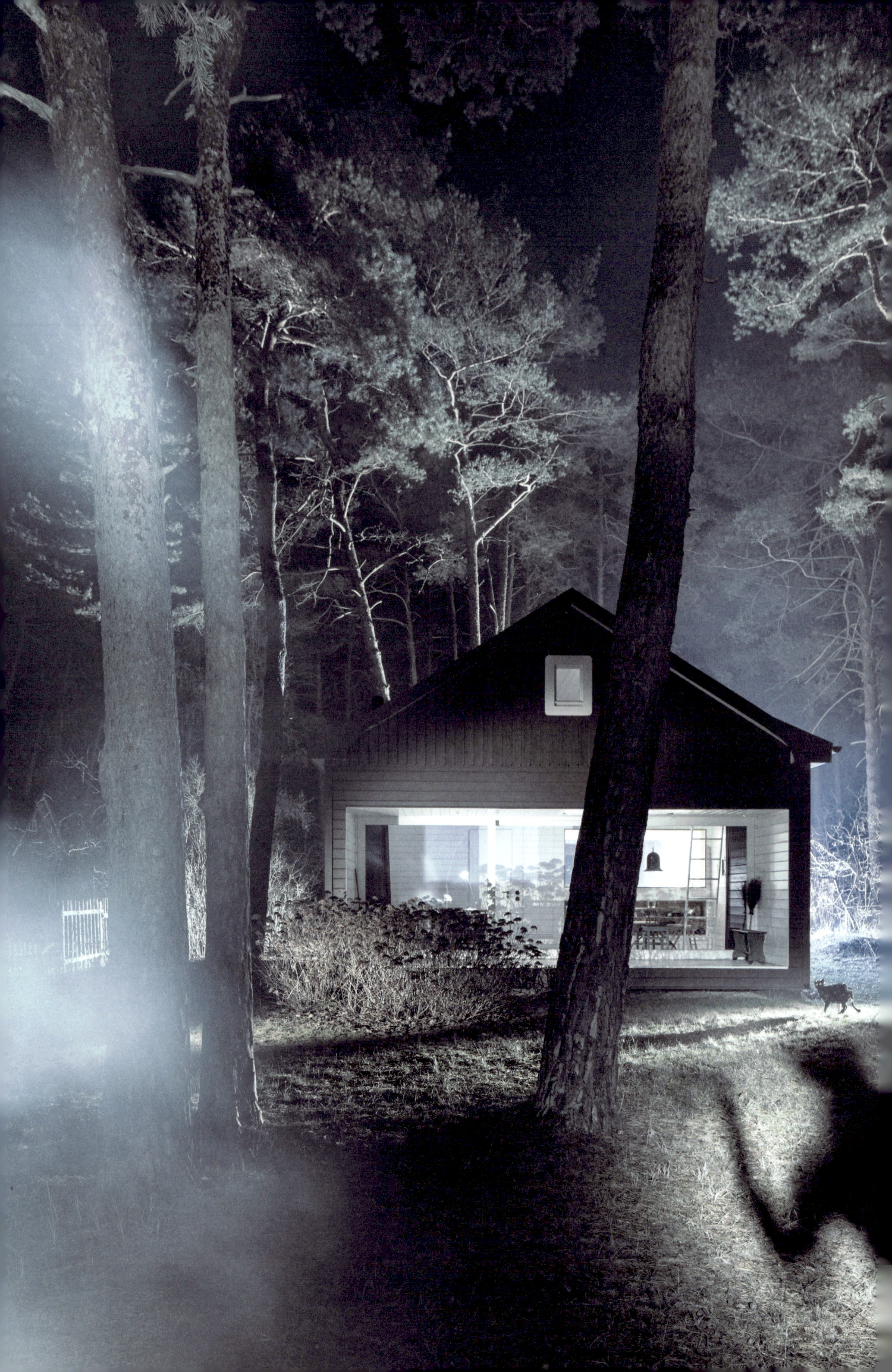

DIE GALGENBALLADE, DIE VILLON SEINEN FREUNDEN ZUM ABSCHIED GEDICHTET HAT

Ach, Brüder, lasst uns hier nur ruhig schweben
am langen Strick. Wir haben von diesem Hundeleben
den Hals bis oben längst schon voll gehabt.
Wir haben nie, wie ihr, in einem weißen Bett gelegen,
wir lagen Nacht für Nacht im schwarzen Regen,
vom Wind zerfressen und vom Wurm zerschabt.
Wenn erst im Wald die Eule dreimal schreit,
ist auch der Teufel nicht mehr weit.

Da strecken wir so durstig schon die großen Zungen
und von dem milden Mondlicht eingesungen,
schwimmt eine weiße Wolke um den Wald.
So viele Sommerjahre haben wir den Magen
mit Erde nur und Laub uns vollgeschlagen,
da wurde auch die Liebe kalt und alt.
Wenn erst im Wald die Eule dreimal schreit,
ist auch der Teufel nicht mehr weit.

Aus unseren abgewürgten Hälsen manchmal pfeifen
die bösen Träume noch und wollen nicht begreifen,
dass auch die runde Welt ein Ende hat.
Es grünen Disteln schon und Nesseln in den Eingeweiden,
die mögen wohl den Wurm gut leiden,
weil er so weiß ist und so glatt.
Wenn erst im Wald die Eule dreimal schreit,
ist auch der Teufel nicht mehr weit.

Weshalb soll uns am Ende gar der Teufel holen?
Wir haben keinem Armen was vom Geld gestohlen,
und auch dem König macht es keinen Spaß,
der bleibt viel lieber bei den Schnäpsen und Lampreten,
lässt in den Kirchen für sein Wohlergehen beten
und legt sich zu dem weißen Reh im Abendgras.
Wenn erst im Wald die Eule dreimal schreit,
ist auch der Teufel nicht mehr weit.

Nun wir mit unserm Fett schon in der Sonne braten,
ihr Brüder, denkt an unsre eigenen Missetaten,
die wird man nicht so leicht mit Bibelsprüchen los.
Es fällt sehr bald ein Schnee auf eure Haare,
dann liegt ihr auch auf einer schwarzen Bahre
so klein und hässlich wie im Mutterschoß.
Wenn erst im Wald die Eule dreimal schreit,
ist auch der Teufel nicht mehr weit.

Notwendige Nachschrift:
Und als um die Mitternacht kam angeritten,
der schwarze Teufel aus dem Höllenreich,
da hat man grad die Schelme abgeschnitten
und warf sie schnell den Fischen hin im Teich.

Nachdichtung von Paul Zech

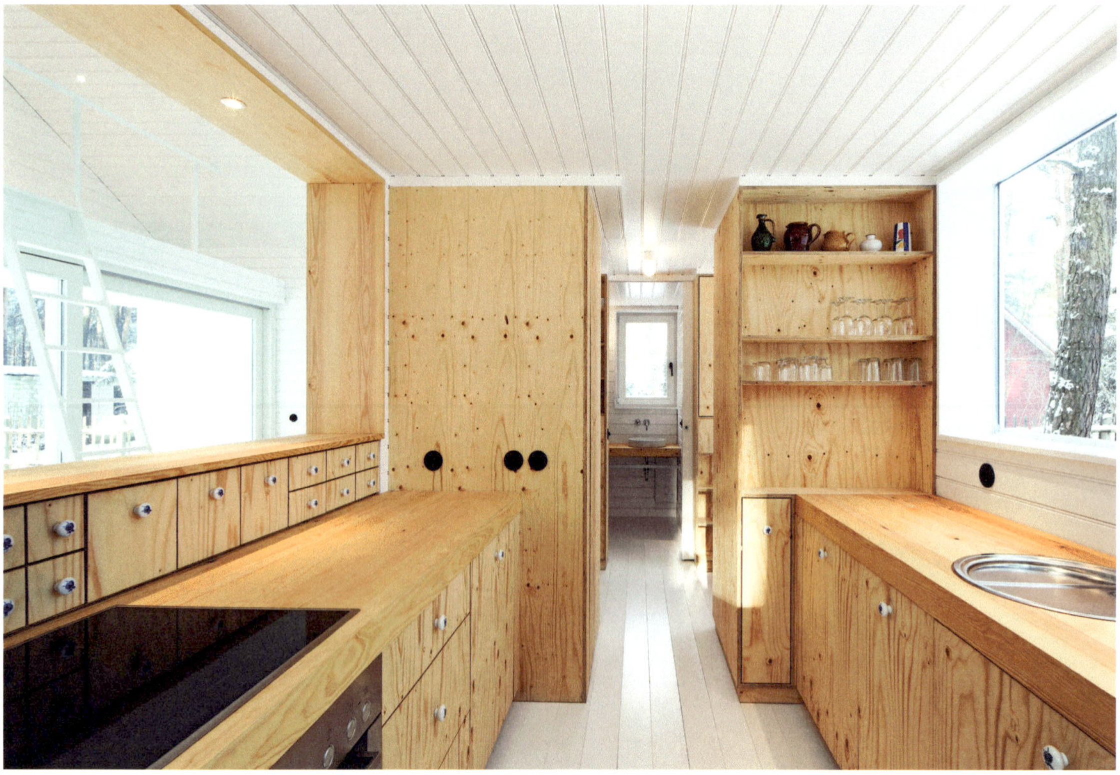

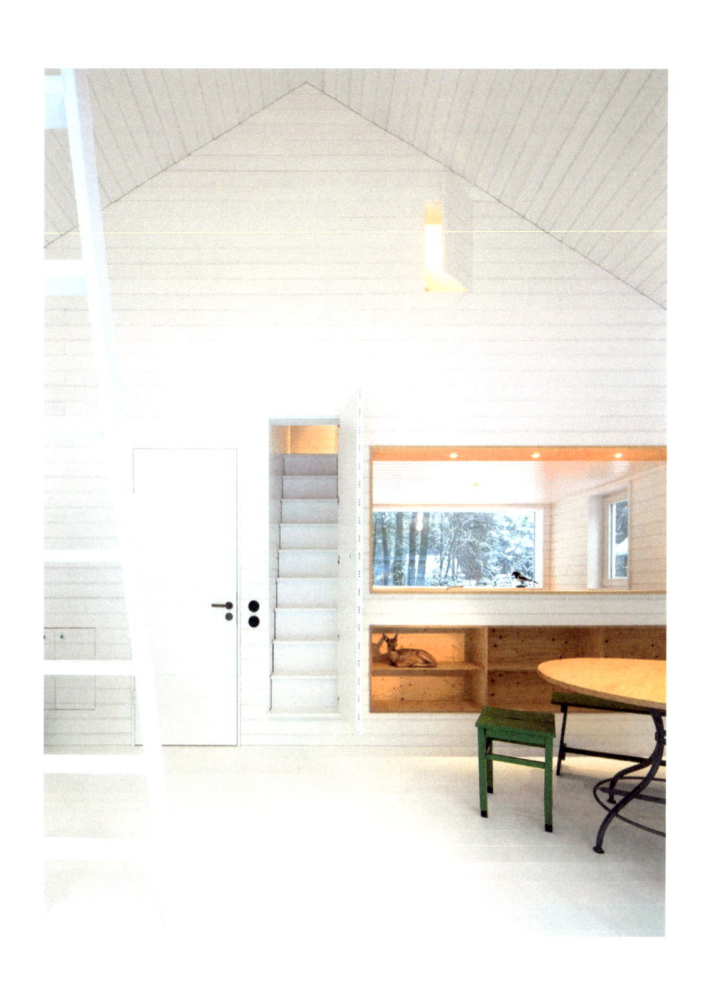

101
ARCHITEKTUR
UND DU

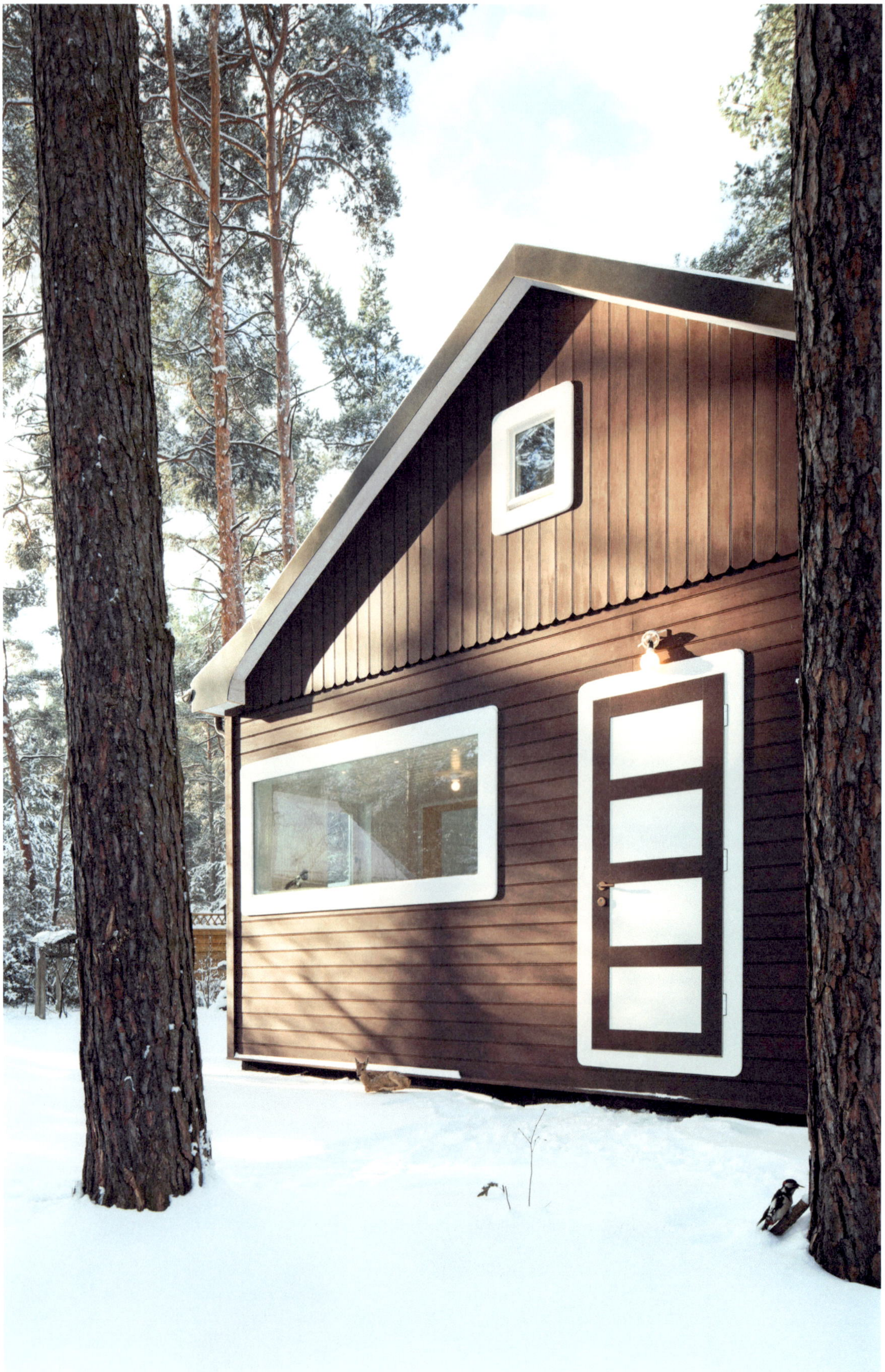

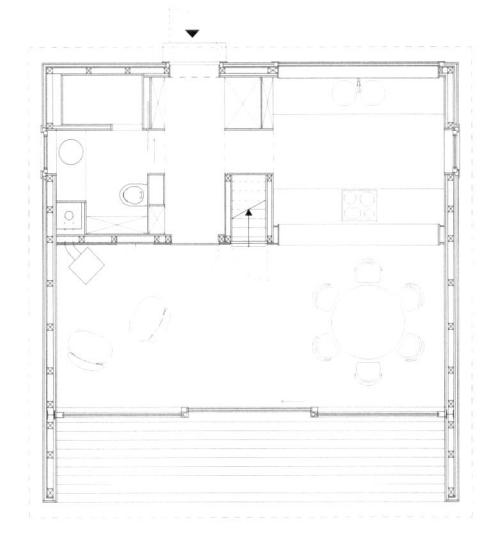

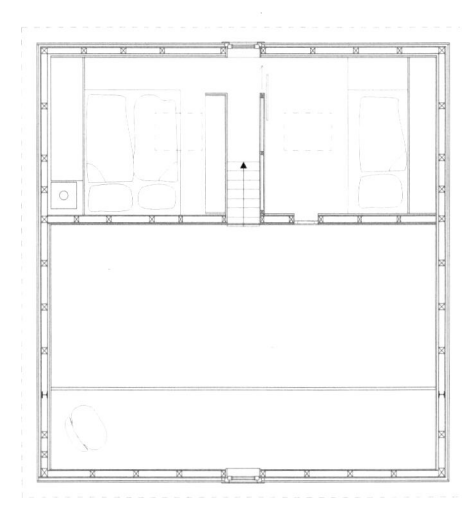

WALDHAUS IN KLEIN KÖRIS

Auftraggeber
Privat
Größe: 62 Quadratmeter Nutzfläche
Entwurf: 2010
Fertigstellung: 2010
Leistungsphasen: 1–9

Preise
AIT-International Living Application Award 2014 in der Kategorie „Best Living Concept"
Nominierung German Design Award 2014
BDA-Preis Brandenburg, 2012
Engere Wahl DAM Preis für Architektur in Deutschland, 2012
Nominierung zum Häuser Award 2012
Best Architects Award, 2012

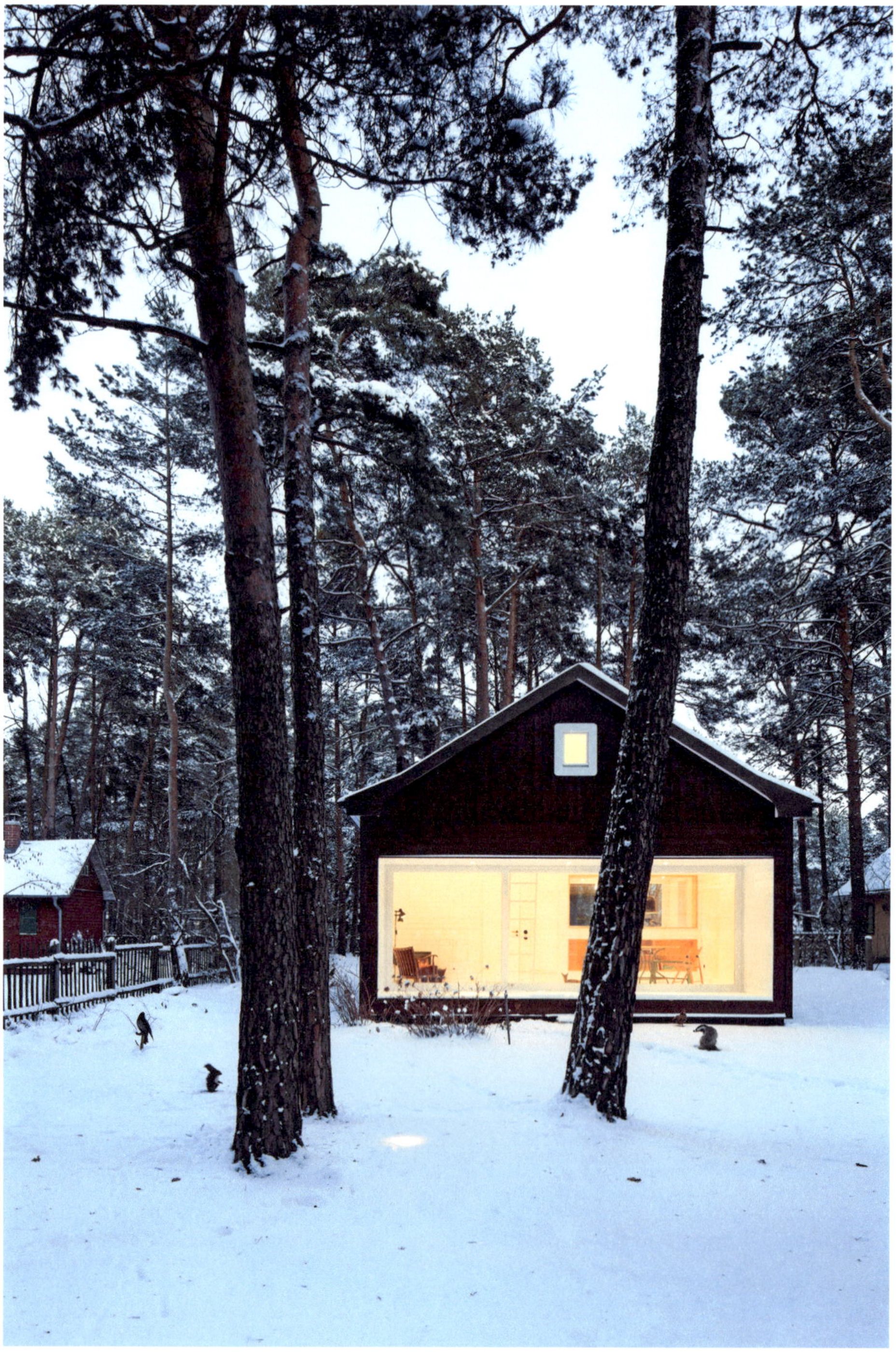

MIT EINEM WETTBEWERB FING ALLES AN

„MAN MUSS WETTBEWERBE VERLIEREN, UM ZU WISSEN, WIE MAN GEWINNT"

WETTBEWERB
NEUBAU KELTENMUSEUM
AM GLAUBERG, GLAUBURG

Eigentlich wollten Sebastian Thaut und Silvia Schellenberg-Thaut von Reichenbach nach London. Es kam anders. Der erste gemeinsame Wettbewerb wurde zum entscheidenden Test: Zwar verloren, ist die Zusammenarbeit für beide ein Gewinn. Aus dem zweiten Wettbewerb wurde ein Auftrag. Danach folgte in dieser Hinsicht eine längere Durststrecke. „Man muss Wettbewerbe verlieren, um zu wissen, wie man gewinnt", sagen Atelier ST.

Das Wettbewerbswesen: für Architekten Fluch und Segen zugleich. Wer kann und darf, macht mit. Und wer gewinnt, darf bauen – aber auch das ist keine Regel. Wettbewerbe kosten Zeit, Geld und Nerven. Warum nehmen Architekturbüros und vor allem junge Architekten ohne eigene Wettbewerbsabteilung dann immer wieder aufs Neue an Wettbewerben teil? Für die Auftragsakquise gilt der Schnitt einer von zehn – wenn man Glück hat. Von wie vielen unterschiedlichen und unkalkulierbaren Faktoren eine Realisierung abhängt, lernen junge Architekten von Wettbewerb zu Wettbewerb, von Projekt zu Projekt. Ein geladenes Auswahlverfahren eines privaten Bauherrn konnte Atelier ST schließlich Ende 2004 für sich entscheiden, planen und realisieren. Die Villa am Obsthain ist ihr erstes Haus.

Wie kamt Ihr zu dem Wettbewerb für die Villa im Obsthain?

Silvia Schellenberg-Thaut: Es ist schon erstaunlich, dass jemand für sein Wohnhaus einen kleinen Wettbewerb generiert. Wir wurden dazu von einem Bekannten empfohlen. Der Bauherr hatte sich ein eingeschossiges Haus gewünscht – und hat von uns ein zweigeschossiges Haus am Hang bekommen.

Sebastian Thaut: Für uns war es ein gutes Projekt, um sich selbstständig zu machen. Wir haben uns danach über ein Jahr zu Wettbewerbsteilnahmen beworben, jedoch ohne Erfolg. Silvia sagte in dieser Zeit immer, warte nur, der richtige Wettbewerb wird kommen.
Sie hatte recht, und so bekamen wir im Spätsommer 2006 die Zusage zu Teilnahme am Wettbewerb für das

WETTBEWERB
NEUBAU EINES EINFAMILIENHAUSES IN ZWICKAU-WEISSENBORN
VILLA IM OBSTHAIN

WETTBEWERB
NEUBAU STADTBIBLIOTHEK
ROTTENBURG

Keltenmuseum am Glauberg. Aber ein reines Wettbewerbsbüro wollten und werden wir sowieso nie sein.

In den zehn Jahren habt Ihr dennoch eine beachtliche Reihe von Entwürfen für verschiedenste Wettbewerbe produziert.

Er: Um Aufträge zu generieren. Wettbewerbe bleiben für uns die einzige Möglichkeit, an größere Bauaufträge heran- und aus der Wohnhaus-Schublade herauszukommen. Wettbewerbe sind immer auch Forschung für uns. Es geht um größere, komplexe Strukturen und Aufgaben. Wir schauen immer darauf, dass die Aufgabe zu uns und unserem Profil passt. Es muss eine Aufgabe sein, wo wir unser Können einbringen können und die Chance besteht, dass dies auf der Gegenseite wertgeschätzt wird.

Oft war das Ergebnis für Euch ein zweiter Preis – zu Recht?

Sie: Jeden Wettbewerb, den man macht, will man gewinnen – sonst würde man nicht mitmachen. Zugegeben haben manchmal andere Architekten die bessere Lösung.

Ist man als Architekt denn auch im Nachhinein mal froh darüber, ein Projekt nicht bearbeiten zu müssen?

Er: Man kann sich alles auch schönreden. Es gibt ein anderes junges Büro in Leipzig. Sie haben sich vor ein oder zwei Jahren selbstständig gemacht und in kürzester Zeit enorm viele Wettbewerbe gewonnen. Aus gutem Grund. Sie hatten in anderen Büros gelernt, wie man Wettbewerbe gewinnt. Ein Siegerentwurf muss mehrheitsfähig sein, das heißt den größten gemeinsamen Nenner und nicht immer unbedingt das beste Konzept haben. Häufig gewinnt also die Arbeit, auf die sich alle, inklusive Sachbearbeiter, einigen können. Das lernt man in einem großen Architekturbüro, das im Jahr an bis zu 50 Wettbewerben teilnimmt. **Sie:** Das ist unsere Schwäche: Wir haben nie in einer Wettbewerbsabteilung in einem großen Büro gearbeitet – wir mussten uns diese Erfahrung erarbeiten.

Manchmal wird ja auch der zweite Preis realisiert.

Er: Ja, es gibt Glückstreffer, aber es gibt auch Pech. Dass wir zum Beispiel den zweiten Preis bei dem Keltenmuseum gewonnen haben und mit nur einer Stimme knapp daneben lagen ... Natürlich sollte immer der erste Platz den Zuschlag bekommen und die Kollegen des zweiten und dritten Preises sollten aus Ehre und Anstand gegenüber dem Erstplatzierten gar nicht erst zur Verhandlung fahren. Das gilt eigentlich als Ehrenkodex unter Kollegen. Es hält sich leider nicht jeder dran.

Sie: Dieser Wettbewerb tut mir heute immer noch weh.

Er: Es war ein sehr bedeutendes, internationales Wettbewerbsverfahren. Und in einer enorm schönen Landschaft: Die hessische Hügellandschaft um den Glauberg herum ist wirklich ein Traum.

Sie: Das war einfach genau unser Ding!

WETTBEWERB
NEUBAU DER KATHOLISCHEN PROPSTEIKIRCHE
ST. TRINITATIS MIT
PFARRZENTRUM IN LEIPZIG

Er: Das war 2006. Silvia war 28, ich war 29. Silvia war schwanger, wir hatten während des Wettbewerbs geheiratet. Und wir hatten den zweiten Preis gewonnen.

Sie: Der Fachjury gefiel unser Entwurf besser. Aber die Sachjury wollte den Kubus von Kollegen, weil die Innenräume flexibler zu bespielen sind. Unser Raumkonzept war zu spezifisch.

Er: Mittlerweile klappt es mit den Wettbewerben für uns jetzt des Öfteren, also wie bei der Sporthalle in Zwickau oder dem Lutherarchiv in Eisleben. Wir machen vier oder fünf im Jahr vielleicht. Nicht wenige für ein Büro unserer Größe.

Sie: Auf der anderen Seite kommen auch immer wieder spontane Aufträge dazu. Man sollte sowieso nie auf nur ein Pferd setzen, sondern mehrere Eisen im Feuer haben. Es darf keine Katastrophe sein, wenn man einen Wettbewerb verliert.

Er: Welchen Wettbewerbsentwurf wir auch gerne realisiert hätten, ist der für die Propsteikirche in Leipzig. Für unser Büro wäre das Projekt aber wahrscheinlich nicht gut gewesen. Jetzt wüssten wir, was man in der zweiten Phase zu tun hat, um sein Konzept weiter zu schärfen. Bei der Propsteikirche war der erste Preis definitiv richtig gewählt, es war mit Abstand die beste Arbeit.

Aber gibt es denn ein Wettbewerbsverfahren, das Ihr lieber nicht gewonnen hättet, weil es am Ende kompliziert wurde?

Sie: Ja, das Rathaus Plauen zum Beispiel. Wir haben dort ja einen der drei zweiten Preise gemacht. Als ich dort beim Kolloquium war, war ich frustriert.

Er: Du wolltest an dem Wettbewerb eigentlich auch gar nicht teilnehmen.

Sie: Während des ersten Kolloquiums wurden alle Architekten in das tiefste Kellergewölbe geschleift. Die Bauherren waren sich uneinig mit der Denkmalpflege – es war eine große Katastrophe. Als ich zurückkam, habe ich zu Sebastian gesagt: „Entweder schmeißen wir das Ding hin oder wir machen etwas, was uns viel Spaß macht."

Er: „... und setzen uns über alle Forderungen und Richtlinien hinweg."

Sie: Und das Beste, was uns passieren kann, ist ein zweiter Preis. Das bedeutet: Preisgeld mitnehmen, aber die Bude nicht bauen müssen.

Er: Die Jury war total zerstritten, vor allem mit dem Denkmalamt. Die erhalten gebliebene Glasfassade aus den Siebzigern wollte die Stadt abreißen lassen und hatte dafür auch schon die Genehmigung. Diese Uneinigkeit haben sie im Wettbewerb auf den Rücken der Architekten ausgetragen.

Sie: Am Ende hatten wir also einen von drei zweiten Preisen, und wir haben unseren Entwurf in der zweiten Phase überarbeitet. Währenddessen hat ein Architekturbüro geklagt, das in der ersten Runde rausgeflogen ist. Es gab viel Hin und Her. Letztendlich hat einer der drei zweiten Preisträger den Zuschlag doch noch bekommen, dem dann der Auftrag wiederum entzogen wurde. Jetzt liegt das gesamte Projekt auf Eis.

Klingt nach „Gute Zeiten, schlechte Zeiten".

Sie: (lacht) Ja, wir hatten von vornherein ein schlechtes Bauchgefühl – das sich dann am Ende auch bestätigt hat.

Es gibt bei Euch zwei weitere Projekte, die gerade ruhen: die Felsenbühne in Rathen und der Erweiterungsbau für die Kunsthochschule Leipzig.

Sie: Die Felsenbühne war auch so ein erster Preis, der uns weh tut. Wir wissen nicht, ob diese Planung

WETTBEWERB
NEUBAU HISTORISCHES
MUSEUM FRANKFURT

WETTBEWERB
NORDWESTFLÜGEL
RATHAUS PLAUEN

jemals realisiert wird. Es ist eins der schönsten Projekte: Mitten im Naturpark Sächsische Schweiz mit einer traumhaften Lage direkt an der Elbe soll eine Bühne zwischen Wald und Felsen gebaut werden.
Den Wettbewerb wollten wir unbedingt gewinnen, allein schon wegen der Landschaft. Dann haben wir ihn tatsächlich gewonnen, bis zur Genehmigungsplanung alles gemacht – und jetzt ruht das Projekt aus „haushaltstechnischen Gründen"

Weil es am Ende doch kein Budget für den Bau der Felsenbühne gibt?

WETTBEWERB
FELSENBÜHNE RATHEN

Sie: Nein, aus einem anderen Grund. Das Geld war da, bis die Landesbühnen privatisiert wurden und jetzt eine GmbH sind. Bis zu diesem Zeitpunkt war das Land Sachsen für das Projekt verantwortlich und somit Auftrag- sowie Geldgeber; die Felsenbühne war der Nutzer. Durch die interne Umstrukturierung ist das Land Sachsen aber jetzt nicht mehr zuständig – deshalb steht auch das Geld nicht mehr für den Bau zur Verfügung.

Aber gilt denn nicht: Auslober gleich Bauherr?

Er: Das ist alles total unklar. Derzeit wird noch geprüft, ob die Landesbühnen die Baumaßnahmen aus eigenem Kapital zahlen müssen oder das Land Sachsen noch dafür verantwortlich ist. Wir wissen seit 2011 nicht, wie es mit dem Projekt weitergeht. Zwischendurch waren auch noch Landtagswahlen, und es gab eine Haushaltssperre.

Sie: Auch bei der Erweiterung für die Hochschule für Grafik und Buchkunst in Leipzig mussten wir lernen: Es gibt Dinge, die Architekten nicht beeinflussen können. In diesem Fall hat sich die Hochschule aus irgendwelchen Gründen mit dem Auftraggeber zerstritten, also mit dem SIB. Wir waren auf einmal mitten in diesem Strudel, konnten aber gar nichts dafür. Die Erfahrung muss man wahrscheinlich machen, dass so ein Projekt auch mal von jetzt auf gleich mitten in der Planung kippt und auf Eis gelegt wird.

Er: Da sind die Verhältnisse genau andersherum: Der Nutzer ist sehr stark, da die Kunsthochschule eine enorme Lobby hat und bis in den Landtag und auf Bundesebene vernetzt ist. Der eigentliche Bauherr, das Land Sachsen, muss sich von denen jetzt vorführen lassen. Die HGB hatte 2014 ihr 250-jähriges Jubiläum und wollte in diesem Jahr keine Baumaßnahmen.

Dann ist die Erweiterung nur verschoben worden?

Er: Na ja, die HGB ist schon sehr konservativ und wünscht sich in ihren alten Mauern keine Baustelle. Bisher hat der Bau ja auch ausgereicht – warum also sollten sie einen Erweiterungsbau benötigen? Alles soll besser so bleiben, wie es ist. Diese Haltung hatten wir von einer internationalen Kunsthochschule nicht erwartet.

Bei dem Lutherarchiv in Eisleben war es genau anders: Da konntet Ihr als Architekten die beiden zerstrittenen Parteien Bauherrn und Denkmalamt durch Euren Entwurf wieder zusammenbringen.

Sie: Das wussten wir ja vorher gar nicht. Zu dem Wettbewerb waren wir eingeladen, insgesamt haben vier oder fünf Büros teilgenommen. Die Bedingung der Denkmalpflege war, dass der städtebauliche Denkmalschutz eingehalten wird. Das heißt, nicht das Haus hat den Wert, sondern der Straßenzug an sich. Deshalb mussten die Straßenfassade und der Giebel zu Luthers Geburtshaus-Ensemble wiederhergestellt werden, zum Garten hin war man im Entwurf dann frei. Die Stiftung wollte hingegen gerne einen Neubau, da sie befürchtete, dass ihre gewünschten Funktionen nicht in den Bestand passen könnten. Bedingung war aber der Bestand.

Er: Alle anderen Teams sind genau in diese Falle getappt und haben nur das stehen lassen, was gefordert war – aber eigentlich trotzdem einen Neubau entworfen. Unser Ansatz war genau konträr: Wir haben uns nicht gefragt, was ist das Minimum, sondern was ist das Maximum, das wir stehen lassen können? Aus dem Alten haben wir dann etwas Neues entwickelt.
Die Grundlage bildete das ehemalige Treppenhaus. Das haben wir jetzt zwar abgerissen, aber dessen miteinander verbundene Endpunkte ergeben unsere neue Form.

Sie: Eigentlich ist es eine Überlagerung aus Alt- und Neubau. Diese Grenzen verschwimmen zunächst, man erkennt sie erst auf den zweiten Blick. Die Fusion dieser beiden Zeitschichten war für die Jury ausschlaggebend, so dass wir den Wettbewerb gewonnen haben.

Er: Der Titel für das Projekt heißt deshalb auch ein „Neues Ganzes". Für uns gibt es in dem Lutherarchiv keine Trennung zwischen Alt und Neu. Damit haben wir die Denkmalpflege glücklich gemacht, weil sie in dem Entwurf noch ihr altes Haus erkennt. Und die Luther-Stiftung hat ihren gewünschten Neubau bekommen.

Sind nur gewonnene Wettbewerbe gute Wettbewerbe?

Er: Nein. Weil jeder Entwurf für den nächsten weiterhilft. All das, was wir an Energie, Ideen oder Gedanken in die Fassaden der HGB gesteckt haben, taucht woanders wieder auf – zum Beispiel in dem Sandwich am See. Und unser Keltenmuseum am Glauberg kam deswegen im Wettbewerb so weit, weil wir zuvor bei dem Wettbewerb für die Stiftung Moritzburg verloren hatten. Damals haben wir uns die Ausführung sehr genau angeschaut, um zu verstehen, was dazu geführt hat. Diese Erkenntnisse sind in die folgenden Wettbewerbe eingeflossen.
So ist das eigentlich ständig – nichts ist umsonst. Wir haben gelernt, solche Stopps nicht persönlich zu nehmen. Es liegt nicht an der Architektur, nicht an uns, sondern an grundlegenden politischen Entscheidungen. Und wenn es doch an uns liegt und der Erste besser war, erkennen wir das an und ziehen die Lehren für das nächste Verfahren.

Sie: Man gewinnt meistens mit einfachen, flexibel bespielbaren und gewohnten Formen. Oft ist es dann die berühmte Kiste.

Er: Leider stellen wir immer wieder fest: Wenn man es banal macht, ist das manchmal die richtige Antwort. Aber auch im Wettbewerb wollen wir unserer Architektur einen Mehrwert abgewinnen.

WETTBEWERB
NEUBAU EINER ZWEIFELD-
SPORTHALLE
CLARA WIECK GYMNASIUM
ZWICKAU

PERLE DES VOGTLANDS

111
ARCHITEKTUR
UND DU

VON DER KONSEQUENZ DES ROTEN FADENS

Von Sebastian Thaut

Wenn man auf deutschen Autobahnen unterwegs ist, wird man von Sylt bis Bad Tölz von braunen Hinweistafeln begleitet. Diese sogenannten „touristischen Unterrichtungstafeln" weisen den Fahrer darauf hin, wo die nächste Sehenswürdigkeit wartet und es sich lohnt, demnächst den Blinker zu setzen.

Große Städte wie Hamburg, München, Köln oder Leipzig benötigen gleich gar keine braunen Touristikschilder – man geht in diesen Städten davon aus, dass auch so jemand vorbeikommt.

Städte wie Chemnitz schaffen es, sich mit einem eigenen Stadtprofil – der Stadt der Moderne – zu positionieren. Andere haben dann auch tatsächlich noch irgendein konkretes Kulturdenkmal zu bieten – Annaberg-Buchholz zum Beispiel wirbt mit seiner bedeutenden St. Annenkirche. Aber auch kleinere Gemeinden und Regionen stellen sich selbstbewusst entlang der Autobahnen vor, von „Töpferstadt Kohren-Sahlis" bis „Historische Altstadt Beeskow" wuchert jede mit ihren Pfunden.

Und dann Reichenbach, eine Kleinstadt im sächsischen Vogtland. Fährt man die A72 von Leipzig Richtung Hof oder andersherum, lockt diese Ortschaft mit dem Slogan „Reichenbach – Perle des Vogtlands". Mit so einem Spruch werben Städte, die nichts haben, das sich lohnen würde auf eine braune Hinweistafel zu drucken. Die meisten anderen Fahrzeuge fahren weiter Richtung Süden. Ich setzte hier von 1998 bis 2003 regelmäßig den Blinker meines VW. Warum ich abbog? Wir haben in Reichenbach Architektur studiert.

In einem alten Industriegebäude, einem Überbleibsel der Textilwirtschaft, hat sich 1996 als Außenstelle der Westsächsischen Hochschule Zwickau der Fachbereich Architektur angesiedelt.

Bereits 1997 habe ich, ohne dass wir zum damaligen Zeitpunkt voneinander wussten, mit meiner heutigen Frau und Büropartnerin Silvia Schellenberg-Thaut am zweitägigen Aufnahmetest teilgenommen

Die großen Universitäten haben zu dieser Zeit mehrheitlich und einzig über den Numerus clausus ihre Architekturstudenten eruiert. Aufgrund der geburtenstarken Jahrgänge lag der NC bei den einschlägigen Architekturausbildungsstätten fernab meiner Abiturnote.

Der zweitägige Test machte mir solche Freude, dass ich erst währenddessen beschloss, wirklich Architekt zu werden. Ich bestand den Test und wurde, nachdem ich ein Jahr meinen Zivildienst absolviert hatte, 1998 als dritter Jahrgang seit der Gründung des jungen Fachbereichs immatrikuliert. Silvia war mir bereits ein Jahr voraus. Sie hatte 1997 im zweiten Jahrgang das Studium in Reichenbach begonnen.

Recht schnell merkten wir beide, dass die Stadt zwar wenig zu bieten hatte. Umso besser war es aber um den Fachbereich bestellt – sowohl in materieller als auch in ideeller Hinsicht. Die junge Hochschule war mit den neuesten Computer-Pools, einer feinen Modellbauwerkstatt sowie einem Studio mit einem eigenen Arbeitsplatz für jeden Studenten ausgestattet. Und das bei nur circa 30 bis 35 Studierenden pro Jahrgang und einem fast elitären Schlüssel von hochmotivierten und damals sehr jungen Professoren.

Da es in der Stadt nichts zu verpassen gab, spielte sich unser Leben rund um die Uhr am Fachbereich ab. In fast klösterlicher Abgeschiedenheit konnten wir uns auf das konzentrieren, wozu wir angetreten waren: das Erlernen der Baukunst. Die Defizite der Provinz vergaßen wir dabei schnell.

Da der Architekturdialog und -diskurs sowie Baukultur im Allgemeinen im Vogtland eher weniger stark ausgeprägt waren, besuchten wir auf Exkursionen die derzeit wichtigsten architektonischen Highlights im In- und Ausland oder holten uns die Welt nach Reichenbach. So gab es neben spannenden regelmäßigen Fachvorträgen Projekte von internationalen Gastdozenten wie zum Beispiel dem Berlage Institute aus Rotterdam.

Neben dem von kritischen Konsultationen begleiteten Entwurf spielte aus meiner Sicht vor allem auch der konstruktive Ansatz eine wesentliche Rolle bei der Ausbildung in Reichenbach. Die Konstruktion wurde nie losgelöst vom Entwurf betrachtet, sondern immer als Teil dessen. Das Wichtigste war der Dialog mit den Professoren und unter uns Studierenden.

Es gab keine Dogmen und universellen Rezepte, wie man das von manchem alteingesessenen Lehrstuhl etablierter Unis kennt. Man macht das nicht oder man macht das so und so, gab es nicht. Lösungen wurden immer für das jeweilige Objekt und die jeweilige Situation diskutiert.

Nach diesem Prinzip eines offenen Dialogs und dem sich immer wieder an den Anfangspunkt einer Aufgabe Begeben und sich Fragen „Um was geht's eigentlich?" arbeiten wir noch heute in unserem Büro.

Als wir in den ersten Jahren unserer Selbstständigkeit und nach ersten kleinen Erfolgen unseres Ateliers ST zu Gastvorträgen und Podiumsdiskussionen außerhalb der sächsischen Grenzen eingeladen wurden, war uns unsere gemeinsame Ausbildungsstätte fast immer etwas peinlich. All die anderen erfolgreichen Architekten kamen von so namenhaften Ausbildungsstätten wie der ETH Zürich, der RWTH Aachen, der Bauhaus-Universität Weimar oder der TU Darmstadt. Kam das Gespräch auf unsere Hochschule, antworteten wir meist kleinlaut: „Zwickau." Das erschien uns als das noch verträglichere Kaff. Machte die Sache aber nicht besser.

Heute nach zehn Jahren, mit etwas mehr Gelassenheit, Selbstbewusstsein und dem Wissen, wie gut unsere Ausbildung doch war, ist die erste Folie, mit der unsere Werksvorträge beginnen, ein Bild von Wolfgang Mattheuer mit dem Titel *Das vogtländische Liebespaar*. Der ehemalige Rektor der Leipziger Hochschule für Grafik und Buchkunst (HGB) und Wegbereiter der Leipziger Schule zeigt auf dem Gemälde ein Paar im warmen Sonnenlicht. Im Hintergrund die weiche vogtländische Hügellandschaft mit der „Göltzschtalbrücke – der höchsten Ziegelsteinbrücke der Welt".

Anhand dieses Bildes erzählen wir von uns, wie wir uns in Reichenbach am Fachbereich kennenlernten, von unserer Ausbildung, unseren Ausflügen in die Landschaft und der romantischen Idylle, wo man so herrlich unaufgeregt studieren konnte.

Die nächste Folie ist eine Deutschlandkarte mit der lokalen Verortung Reichenbachs – für all die, die bislang noch nicht den Blinker zur Perle des Vogtlands gesetzt haben.

DIE UTOPIE DER ONE-MAN-SHOW

ZU TISCH MIT ARCHITEKTUR UND IHREN ELEMENTEN

Von Claudius Nießen

Betrachtet man das Gebäude vom gegenüberliegenden Park aus, kann man durch die Fenster des Salons im Erdgeschoss einen Neonschriftzug leuchten sehen: „Der Sozialismus siegt".

Wir stehen am Rande des Musikviertels, das sich in südwestlicher Richtung gleich an die Leipziger Innenstadt anschließt. Charakteristisch die Vielzahl von Bauwerken des Historismus, eines davon die Herfurthsche Villa. Den Namen hat ihr ein Zeitungsverleger vererbt, heute beherbergt die Villa die Galerie für Zeitgenössische Kunst. Und die hat eigentlich längst geschlossen, als Silvia Schellenberg-Thaut und Sebastian Thaut hier bei einem Apéro ihre langjährigen Partner um sich versammeln. Gute Bekannte sind sie alle – manche sind über die Zeit sogar zu Freunden geworden. Ein Abendessen für die Architektur.

Dass es ausgerechnet eine Installation von Via Lewandowsky ist, unter der dieser Abend stattfindet, ist ebenso Zufall wie überaus passend. In der Schweiz hatte der Dresdner Künstler mal zwei hängende Wohnräume ohne Boden inszeniert, seine Werke sind oft und gern mit der sie umgebenden Architektur verbunden. *Der Sozialismus siegt* stammt eigentlich aus der Ausstellung *Homezone*, die 2005 in der Galerie für Zeitgenössische Kunst zu sehen war. Lewandowsky spannte dabei einen Bogen vom Anspruch nach radikaler Veränderung zur gleichzeitigen Sehnsucht nach dem Vertrauten. Ein Spannungsfeld, in dem sich auch die Architektur von Atelier ST verorten lässt. Als „Übersetzer mit Gefühl" wurden Silvia Schellenberg-Thaut und Sebastian Thaut von der *Frankfurter Allgemeinen Sonntagszeitung* beschrieben. Markenzeichen ihrer Arbeit: „traditioneller Architektur einen neuen Ausdruck zu geben".

Große Fragen zum kleinen Gruß aus der Küche. Können Architektur und Design die Welt verändern? Oder verändert nicht vielmehr die Gesellschaft die Gestaltung?

Branco Kecur, Key Account Manager bei Dornbracht, sagt dazu: „Zunächst ist Design für viele Firmen eine Eintrittskarte: Wenn ein Produkt gut aussieht, verkauft es sich einfach besser. Gleichzeitig muss der Mehrwert von Design für den Anwender konkret sichtbar bleiben: durch mehr Komfort, mehr Nutzen, mehr Individualität."

Um Funktionalität gepaart mit Wohnkomfort geht es hingegen **Marcel Hanwig, Key Account Manager bei GIRA:** „Ziel ist, ein intelligentes Gebäude zu bauen. Dabei muss man den Mehrwert noch klarer herausstellen und versuchen, so viele Funktionen wie möglich über ein System abzudecken. Wenn ich mit meinem Smartphone das Licht an- oder ausschalten kann, ist das vielleicht noch eine nette Spielerei. Wenn wir andere Aspekte wie Klimatisierung, Verschattung oder Kühlung mit einbringen, wird es interessant. Dann wird ein extrem hoher Wohnkomfort erfahrbar."

Ronny Kretschmer, Geschäftsführer der Deutsche Werkstätten Hellerau Lebensräume, führt die Eigenschaft der Zeitlosigkeit an, die ebenso eine gute Architektur wie gutes Design ausmache: „Wir sprechen von Formen, die überzeugen. Genau das ist ja auch der Grund, warum man im Lobbybereich von Unternehmen und Hotels heute immer noch regelmäßig einen Barcelona Chair von Mies van der Rohe vorfindet. Als Produkt ist er einfach überzeugend. Am Ende geht es bei den wirklich akzeptierten Möbeln, Produkten oder in der Architektur nicht darum, unbedingt etwas Neues zu machen, sondern eben etwas Besseres."

Gunter Habicht, der bei Carpet Concept zuständig für den Vertrieb in Sachsen und Thüringen ist. „Es hat mit einem Teppichboden angefangen, der die Raumklimatisierung über den Boden ermöglichen sollte, und geht bis hin zu Teppichböden, die deutlich zur Verbesserung der Raumakustik beitragen. Gerade in vielen Großraumbüros wäre die Arbeit ohne textile Gestaltungsmittel sonst kaum zu ertragen."

Dass man nicht immer alles anders, aber bitteschön doch besser machen sollte, passt auch zur Philosophie von **Karsten Köhler. Er ist Geschäftsführer der Firma** PREFA, die Alu-Dächer und Fassaden anfertigt: „Das Dach ist in seiner Entstehung ja getrieben von der Funktionalität der Materialien. Es gibt Dächer aus Ziegeln, aus Holzschindeln, aus Stroh oder sogar auch aus Laubzweigen. Wir verwenden Metall. Neben dem schönen Anblick ist es ein Material, das durch sein Verhalten besticht. Diese Kombination finde ich bei Metall an Dach und Fassade so spannend."

Der Hauptgang ist noch nicht serviert, da zeigt sich, was viele in der Branche beschäftigt, nämlich der zunehmende Einfluss von Technologie beim Bauen und damit auch die geänderten Ansprüche an Materialien und Produkte: „Wir sind inzwischen ein Anbieter für textile Architektur geworden. Dahin haben uns die Architekten mit ihren Anforderungen gebracht", sagt

Für Wolfgang Reul, den Leiter der Architektenberatung Deutschland bei FSB, kreuzt sich das Thema Technologieeinsatz auch mit dem Ansatz der Barrierefreiheit. Die sei eben nicht nur relevant für die Generation 70 plus. „Es geht auch um einen Zugewinn an Komfort, den ich schon heute haben kann. Dazu gehören Türbreiten sowie schwellenlose Raumübergänge – dieses Thema muss man globaler betrachten. Genau wie den Aspekt, dass auch bei uns die Elektronik immer weiter in den Vordergrund rückt: dass ich zum Beispiel anstelle eines Schlüssels meinen Finger oder elektronische Medien wie Transponder oder Smartphone nutze, um eine Tür zu steuern. Da kommt gerade richtig Bewegung in den Markt."

Irgendwie passend, dass sich zum Dessert das Gespräch wieder dem Thema Wohlfühlen annähert, auch was den Nutzen der neuen Haustechnik anbelangt.

Gerd Pönisch kennt Atelier ST von einer anderen Seite: nämlich als Bauherr von seinem Maison du Beton. Er leitet bei dem Unternehmen Heidelberger Beton die Gebiete Sachsen und Thüringen: „In guter Architektur kann ich mich wohlfühlen. Das können dann ganz unterschiedliche Stile sein. Dabei neu zu denken, an welchen Stellen ich zementgebundene Baustoffe oder Beton einsetzen kann, ist das Spannende in der Zusammenarbeit mit Architekten wie Atelier ST." Was die Skepsis gegenüber neuen Technologien in der Architektur anbelangt, resümiert er: „Das beginnt alles mit Vertrauen. Das habe ich ja beim Auto mit all seinen Assistenzsystemen auch – da ist es inzwischen das Normalste von der Welt. Diese Entwicklung werden wir auch in der Baubranche erleben."

Markus Olesch, Head of Projects beim Leuchtenhersteller Occhio, stellt beim Espresso die Architekten noch einmal in den Mittelpunkt: „Wir sitzen alle hier, weil die Architekten es wollen. Sie haben uns für ihre Projekte ausgesucht. Und das beruht am Ende ja auf Gegenseitigkeit. Schließlich haben wir eines gemeinsam, nämlich das Interesse, dass gute Architektur ein Gebäude ist, das vom Nutzer angenommen wird."

„Ästhetik ist immer die Eintrittskarte. Diese Hürde muss man schaffen", bestätigen auch die Thauts. Gleichzeitig ist für sie die beste Technik immer diejenige, die unsichtbar ist. „Der Raum darf nicht von Technik dominiert sein. Technologie ist dann gut, wenn ich sie nicht sehe, sie zu mehr Komfort führt und vor allem aber intuitiv bedienbar ist."

Egal ob Design oder Architektur: „Man kann als Architekt noch so schöne Ideen haben. Man braucht immer verschiedene Beteiligte, die den Weg mit einem gehen und die Architektur entstehen lassen."

So wie Via Lewandowsky sich mit dem Werk *Der Sozialismus siegt* für den Moment interessiert, in dem ein großer Plan isoliert und eine Parodie seiner selbst wird, sind es die Architekten, die immer wieder Utopien Wirklichkeit werden lassen. Allerdings – und hier schließt sich der Kreis – niemals allein.

Denn Architektur ist keine One-Man-Show.

WERKVERZEICHNIS

REALISIERTE PROJEKTE/ IN PLANUNG

Realisierte Projekte

Lutherarchiv Eisleben
Umbau und Ergänzung Liegenschaft Seminarstr. 2 zu Lutherarchiv
AG: Stiftung Luthergedenkstätten Sachsen-Anhalt
2012–2015

Sandwich am See, Potsdam
Neubau Wohnhaus
in Groß Glienicke, AG: privat
2013–2015

Grüner Mäander,
Leipzig-Holzhausen
Neubau Wohnhaus, AG: privat
2011–2013

Räume in der Scheune, Sermuth
Umbau und Sanierung zu Wohn- und Gewerbeobjekt, AG: privat
2010–2013

Südblick, Kohrener Land
Neubau Wohnhaus, AG: privat
2011–2012

Stilles Örtchen, Leipzig
Sanierung des Sanitärbereichs in der Kirchgemeinde St. Petri Leipzig
2012–2013, AG: Ev.-Luth. Kirchgemeinde St. Petri

Scharf Geschnitten
Neubau Wirtschaftsgebäude Forstamt Eibenstock, AG: Land Sachsen, vertreten duch SIB Zwickau
2007, 2010 realisiert

Waldhaus in Klein Köris
Neubau eines Ferienhauses,
AG: privat
2010

Maison du Beton
Neubau Wohnhaus in Zwickau-Cainsdorf, AG: privat
2006–2009

Apotheke am Stadtwald
Neubau in Zwickau-Marienthal,
AG: privat
2008–2009

Waldblick
Neubau Wohnhaus Lucka,
AG: privat
2006–2008

Studenten Service Zentrum
in Leipzig
Umbau für die Universität Leipzig, AG: Land Sachsen, vertreten durch SIB Leipzig II, 2007–2008

Polizeiposten Schneeberg
Umbau, Ausbau und Sanierung eines denkmalgeschützten Gebäudes in Schneeberg zum Polizeiposten,
AG: Land Sachsen, vertreten durch SIB Zwickau
2007–2008

Zweifeldsporthalle
Neubau einer Sporthalle für das Evangelische Euro-Gymnasium in Annaberg-Buchholz
AG: Evangelisches Euro-Gymnasium Erzgebirge e.V.
2004–2007

Next Generation
Wohnhauserweiterung in Lichtentanne, AG: privat
2005–2006

Villa im Obsthain
Neubau eines Wohnhauses in Zwickau-Weißenborn, AG: privat
2004–2005

In Planung

Am Feldrand
Neubau Wohnhaus in Lichtentanne, AG: privat
2013–2015

Neubau Zweifeldsporthalle in Zwickau (1. Preis)
AG: Stadt Zwickau, vertreten durch das Liegenschafts- und Hochbauamt
2014–2017

Ersatzneubau HGB Leipzig
AG: Land Sachsen
2013–2016
Fertigstellung offen

Felsenbühne Rathen
AG: Land Sachsen
Fertigstellung offen

Neubau Lysimeterstation, Verwaltungsgebäude und Wirtschaftsgebäude, Brandis
AG: Land Sachsen
Fertigstellung 2018

Umbau, Sanierung und Ergänzung Stadttheater Zwickau (VOF-Verfahren 1. Rang 2014)
AG: Stadt Zwickau, vertreten durch das Liegenschafts- und Hochbauamt
2014–2017
Fertigstellung 2018

Übers Land
Neubau Wohnhaus in Rottmansdorf, AG: privat
Fertigstellung 2016

Auf zur See
Um- und Neubau Ferienhaus auf Hiddensee, AG: privat
Fertigstellung 2016

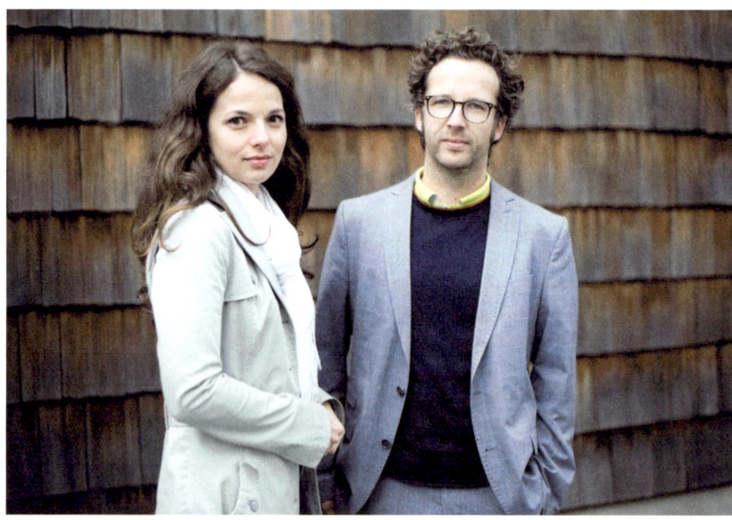

ÜBER ATELIER ST

Die Architekten

Silvia Schellenberg-Thaut wurde 1978 in Borna bei Leipzig geboren und studierte von 1997–2001 Architektur an der WH Zwickau. Mitarbeit bei ABB Architekten in Leipzig und bei T+S Architekten in Zwickau. Seit 2004 Mitglied in der Architektenkammer Sachsen. 2005 Gründung von Atelier ST mit Sebastian Thaut. Silvia Schellenberg-Thaut wurde 2007 in den BDA Bund Deutscher Architekten berufen und ist seit 2014 im Arbeitskreis Junger Architekten in Deutschland. Mitglied in zahlreichen Preisgerichten, unter anderem beim Wettbewerb für das Freiheits- und Einheitsdenkmal in Berlin 2010 und beim Preis des BDA Bayern 2013.

Sebastian Thaut, 1977 in Zwickau geboren, 1998-2003 Architekturstudium an der WH Zwickau. Von 2001–2002 Mitarbeit im Büro von Gigon/Guyer Architekten in Zürich, danach Mitarbeit im Büro Ö-Konzept und bei T+S Architekten in Zwickau. Seit Ende 2004 arbeitet er als selbstständiger Architekt und gründete 2005 zusammen mit Silvia Schellenberg-Thaut das Architekturbüro Atelier ST. Seit 2006 Mitglied in der Architektenkammer Sachsen, 2007 wurde Sebastian Thaut in den BDA Bund Deutscher Architekten berufen und ist seit 2010 Sprecher der BDA Regionalgruppe Leipzig. 2012 wurde er Vorstandsmitglied im BDA Landesverband Sachsen und 2014 vom Arbeitskreis Junger Architekten in Deutschland aufgenommen.

Anmerkungen

Seite 25–34, Wirtschaftsgebäude in Eibenstock
Text: Nils Ballhausen, aus: *Bauwelt* 13, 2011

Seite 99: *Galgenballade* von François Villon
Aus: *Die lasterhaften Balladen und Lieder des François Villon*
Nachdichtung von Paul Zech
1962 Deutscher Taschenbuch Verlag GmbH & Co. KG, München
© Paul Zech – Rechtsnachfolger

Bildnachweis

Cover
Photo: Wolfgang Stahl
Styling: Esther Zahn
Konzept: Stephan Burkoff

Seite 11: Anikka Bauer
Seite 12: Atelier ST
Seite 13–23: Anikka Bauer
Seite 27: Anikka Bauer
Seite 28–31: Werner Huthmacher
Seite 32/33: Bertram Bölkow
Seite 37–43: Bertram Bölkow
Seite 46–55: Bertram Bölkow
Seite 58–63: Wolfgang Stahl
Seite 64: Werner Huthmacher
Seite 66: Wolfgang Stahl
Seite 67: Werner Huthmacher
Seite 68: Wolfgang Stahl
Seite 69–73: Werner Huthmacher
Seite 76/77: Anikka Bauer
Seite 79: Bertram Bölkow
Seite 80: Anikka Bauer
Seite 81: Bertram Bölkow
Seite 82–84: Anikka Bauer
Seite 85: Bertram Bölkow
Seite 86/87: Anikka Bauer
Seite 90–95: Bertram Bölkow
Seite 98–104: Werner Huthmacher
Seite 122/123: Werner Huthmacher
Seite 124: Anikka Bauer

Impressum

Herausgeber
Jeanette Kunsmann und
Stephan Burkoff

Konzept und Redaktion
Mitte Rand UG
Verlag für Inhalt und Kontraste

Gestaltung und Satz
Hermann Hülsenberg Studio

Texte
Nils Ballhausen, Stephan Burkoff,
Jeanette Kunsmann, Claudius Nießen,
Sebastian Thaut und François Villon
in einer Nachdichtung von Paul Zech

Photos
Anikka Bauer, Bertram Bölkow,
Werner Huthmacher, Wolfgang Stahl

Zeichnungen
Atelier ST

Illustrationen
Niklas Sagebiel

Reprographie
bildpunkt, Berlin

Korrektorat
Anja Breloh und Dr. Roland Kroemer

Druck
Medialis, Berlin

Verlag
Mitte Rand UG
Verlag für Inhalt und Kontraste
Reinhardstraße 21
10117 Berlin
www.mitte-rand.de

Deutsche Bibliothek
www.dnd.ddb.de

Gedruckt in Deutschland
ISBN 978-3-9817010-7-4
Berlin, März 2015

© 2015 Mitte Rand UG

Besonderen Dank an
die Architekten,
alle Bauherren,
die Autoren und Photographen,
Esther Zahn
Carsten Dumke
Bert Kasties
Gustav
Peeke, Anton, Bjarne, Jasper
und alle Mitarbeiter sowie ehemalige
Mitarbeiter von Atelier ST.

© Alle Rechte vorbehalten, kein Teil
dieses Werkes darf in irgendeiner
Form (durch Photographie, Mikrofilm oder ein anderes Verfahren)
ohne schriftliche Genehmigung des
Verlags reproduziert oder unter
Verwendung elektronischer
Systeme reproduziert, vervielfältigt
oder verbreitet werden.

Mitte/Rand

Dank an die Partner

Ohne ihre finanzielle Unterstützung wäre dieses Buch nicht zustande gekommen.

FSB

PREFA

Occhio

GIRA

HEIDELBERGER BETON
HEIDELBERGCEMENT Group

DORNBRACHT

carpetconcept

Deutsche Werkstätten